© *2025* **Autorin: Gabriele Schwede Groot**
Psychoonkologin und Systemische Familientherapeutin

Kontakt: *GabrieleSchwedeGroot@e.mail.de*

Verlag: BoD · Books on Demand GmbH, In de Tarpen 42, 22848 Norderstedt, bod@bod.de
Druck: Libri Plureos GmbH, Friedensallee 273, 22763 Hamburg
ISBN: 978-3-7693-2130-2
Erstveröffentlichung: Februar 2025

Haftungsausschluss:
Dieses Buch dient ausschließlich zu Informations- und Selbsthilfezwecken und stellt keinen Ersatz für professionelle psychologische oder medizinische Beratung dar. Die Autorin übernimmt keine Haftung für Entscheidungen oder Handlungen, die auf den Informationen in diesem Buch basieren. In diesem Buch genannten Empfehlungen und Hinweise erfolgen ohne Gewähr für die Inhalte oder Dienstleistungen dieser Organisationen.

Bildnachweise:
Die zwei Bilder auf dem Buchcover wurden über Adobe Stock lizenziert. Alle weiteren Bilder im Buch sind aus privatem Bestand. Die Skizzen wurden mit Canva erstellt.

Gabriele Schwede Groot

Brustkrebs

eine Herausforderung für den Körper und die Seele

Inhaltsangabe

Teil 2
Herausforderungen meistern

Teil 3

Die Therapie

Auch ein Anhang kann wichtige sein

Vorwort

Dieses Buch möchte dir und deinen Angehörigen in einer Zeit zur Seite stehen, die oft von Ängsten, Unsicherheiten und einem Gefühl der Hilflosigkeit geprägt ist.

Wenn du selbst oder eine dir nahestehende Person die Diagnose Brustkrebs erhalten hat, tauchen viele Fragen und Herausforderungen auf. Dieses Buch soll dir Orientierung geben, Mut machen und zeigen, dass niemand diesen Weg allein gehen muss.

Als Psychoonkologin begleite ich seit mehreren Jahren Menschen, die mit schweren Krisen und Krankheiten konfrontiert sind. Diese Arbeit ist für mich nicht nur ein Beruf, sondern auch eine Herzensangelegenheit. 2019 erhielt auch ich die Diagnose Brustkrebs und erlebte den emotionalen Wirbelsturm, der damit einhergeht – aus einer doppelten Perspektive: als Fachfrau und als von Brustkrebs betroffene Frau.

Die kursiven Passagen in diesem Buch enthalten persönliche Reflexionen, die vermutlich deiner Situation und deinen Gefühlen ähneln.
Viele denken, dass eine Psychoonkologin „stärker" oder „anders" mit dieser Krankheit umgeht.
Ja, anders vielleicht, doch auch ich habe die wirren Gedanken, die emotionalen Achterbahn-fahrten und die Lebensängste durchlebt.

Diese Erfahrungen sehe ich als Ergänzung zu meiner beruflichen Kompetenz und sie ermöglichen es mir, dir auf authentische und einfühlsame Weise zu begegnen.

Ich verstehe, was du fühlst.

Wie du dieses Buch für dich nutzen kannst

Dieses Buch ist als Begleiter gedacht, den du immer wieder zur Hand nehmen kannst. Du musst es nicht von vorne bis hinten lesen. Wähle die Kapitel, die jetzt gerade für dich relevant sind. Angehörige, die dich und die Erkrankung besser verstehen möchten, finden hier ebenfalls wertvolle Erklärungen und Anregungen, die die Kommunikation und das gegenseitige Verständnis stärken können.

Du findest in diesem Buch einige psychologische Übungen, die dir helfen sollen, zur Ruhe zu kommen, deine innere Stärke zu mobilisieren und bewusste Schritte für dein Wohlbefinden zu gehen. Nutze diese Übungen, wann immer du dich bereit dazu fühlst, und sieh sie als Werkzeuge, die dich auf deinem Weg begleiten.

Dieses Buch richtet sich an Frauen, die mit der Diagnose Brustkrebs leben. Doch auch Männer können an Brustkrebs erkranken. Da die psychischen und sozialen Herausforderungen jedoch oft anders gelagert sind, gehe ich in diesem Buch speziell auf die Situation von Frauen ein.

Mir ist bewusst, dass Sprache eine starke Wirkung hat und zur Toleranz beitragen kann. Anstatt zu gendern, verwende ich in diesem Buch oft die weibliche Form, wie „Ärztinnen" oder „Freundinnen". Diese Formulierungen sollen alle Menschen einbeziehen und eine Wertschätzung gegenüber allen Geschlechtern und Lebensformen ausdrücken.

Was die Diagnose Brustkrebs für mich persönlich bedeutete

In jedem Leben gibt es Höhen und Tiefen, Glücksmomente und auch belastende Zeiten. Auch mein Leben war da keine Ausnahme.

2019 stand ich an einem Punkt, an dem ich dachte: „So wie es ist, darf es bleiben." Ich war mit meiner Lebenssituation – privat wie beruflich – ziemlich zufrieden und fühlte mich, nach einigen durchaus schwierigen Lebensphasen, endlich stabil und angekommen.

Doch das Leben hatte andere Pläne. Mit der Diagnose Brustkrebs und den Einschränkungen der Corona-Pandemie wurde mein Alltag durcheinandergewirbelt. Plötzlich war alles anders.

Ich trat die Brustkrebstherapie mit dem festen Vorsatz an, diese Phase zu überstehen und möglichst schnell wieder dort weiterzumachen, wo ich gestoppt worden war.
„Ich bin krisenerprobt, das kriege ich schon hin," sagte ich, wenn man mich fragte – soweit die Theorie. Doch die Realität sah oft anders aus. Sie war überwältigend. Ich spürte eine Angst um mein Leben und fühlte mich den vielschichtigen Herausforderungen dieser Diagnose oft hilflos ausgeliefert.

In dieser Zeit brauchte auch ich psychoonkologische Unterstützung, um zu erkennen und zu unterscheiden, was ich akzeptieren musste und worauf ich aktiv Einfluss nehmen konnte.

Mein Lebensweg war nicht einfach nur unterbrochen - vieles hatte sich verändert: Äußere Gegebenheiten ebenso wie meine Werte und Einstellungen. Diese Veränderungen sind keine Wertungen im Sinne von „besser" oder „schlechter", sie sind einfach anders.

So wie das Leben vor der Diagnose für jede Person einzigartig ist, so ist es auch der Umgang mit den Herausforderungen danach.

Heute, fünf Jahre später, bin ich krebsfrei. Ich blicke zurück und sehe, dass die Therapie für Körper und Psyche sehr anstrengend war, doch nicht so schlimm, wie ich es mir in meinen geheimen Fantasien vorgestellt hatte.

Durch meine eigene Brustkrebserkrankung hat sich der Schwerpunkt meiner Arbeit verändert: Heute begleite und berate ich Frauen mit Brustkrebs und biete Online-Workshops für Angehörige an.

In meine Arbeit fließt nicht nur mein Fachwissen ein, sondern auch die Erfahrungen einer ehemals Betroffenen. Diese doppelte Perspektive ermöglicht es mir, Patientinnen und ihren Angehörigen empathisch und authentisch zur Seite zu stehen und Mut zu machen, den eigenen Weg in dieser neuen Lebenssituation zu finden.

Du musst nicht allein durch diese schwere Zeit gehen - **ich bin für dich da** - professionell, persönlich und vertrauensvoll.

Scanne den Code meiner Webseite

www.Es-ist-Brustkrebs.de,

um mehr über meine Arbeit
zu erfahren und Unterstützung
zu finden.

Du kannst mir auch gern eine
persönliche **E.mail** an
GabrieleSchwedeGroot@e.mail.de
schreiben.

Ein Extra für alle Buchleserinnen: Wenn du in deiner
E-Mail an mich das Kennwort „dein Brustkrebsbuch"
nutzt, sende ich dir, als Dankeschön, ein kleines
Mutmach-Buch zum Ausdrucken, mit inspirierenden
Gedanken und Impulsen, die dir Kraft und Zuversicht schenken sollen, für die Momente, in denen
du einen kleinen Lichtblick brauchst.

Teil 1

Von der Diagnose
bis zur Therapie

Da ist sie, wie aus dem Nichts
- die Diagnose Brustkrebs

Beim Föhnen der Haare entdecke ich, sobald ich die Arme
hebe, eine Delle in der linken Brust. Hm - das kann nichts sein.
Ich war noch vor nicht einmal vier Wochen bei meiner
Gynäkologin. Wenn da was wäre, hätte sie es sicher bemerkt.

Ich bin weder irritiert noch beunruhigt. Ich fühle mich gesund.
Dennoch plane ich, meine Ärztin darauf schauen zu lassen.
Und wie es der Zufall so will, bietet mir die Mitarbeiterin am
Telefon gleich für den nächsten Tag einen Termin an, da
gerade eben eine andere Patientin abgesagt hat.

„Na, so eilig ist es ja nicht." Aber der Termin liegt gut. Dann
kann ich zwischen zwei anderen Terminen, die ich beruflich
habe, mal eben rein springen und nachsehen lassen.

"...da kann ja nicht groß was sein. Sie waren doch gerade noch
hier." Ja genau. Das denke ich doch auch. Bei der Tast-
untersuchung bleiben sowohl die Ärztin als auch ich entspannt.
In Gedanken bin ich schon bei meinem nächsten Termin.
Doch bei der Ultraschalluntersuchung merke ich, hier ändert
sich gerade etwas.

Ich sitze im Auto, habe eine Überweisung zum Brustzentrum in
der Hand. „Da ist eine Veränderung zu erkennen. Es muss
gestanzt werden." Was heißt das denn jetzt?????
Mit dieser Überweisung in der Hand dringt allmählich die mögliche Tragweite in mein Bewusstsein, sollte aus dem Verdacht
eine bestätigte Diagnose werden. Eine Gedankenvielfalt wirbelt

durch meinen Kopf „Was ist, wenn…?".

Ich bin krisenerprobt. Gerade in schwierigen Situationen ist es meine Stärke, ruhig und besonnen zu reagieren – zumindest beruflich. Mein Hirn schaltet auf Autopilot. Ich funktioniere, bringe den Arbeitstag normal hinter mich und vereinbare einen Termin im Brustzentrum. Gleich morgen? Nein, eigentlich passt das nicht, der Tag ist voll.

Nichts, was jetzt folgt, passt auch nur ansatzweise in meine Terminplanung und ganz sicher nicht in meine Lebensplanung. Ich fühle mich, als hätte man all meine Pläne ersatzlos gestrichen, mir mein Leben aus der Hand genommen… und dabei ahne ich noch gar nicht, was auf mich zukommt.

Ich bleibe auf Autopilot. Meine Psyche ist schon so sehr im Schutz- und Abwehrmechanismus, dass ich gar nicht richtig spüre, dass es um mich geht. Und noch ist ja der Verdacht nicht bestätigt.

Ich schaue mal, was Google sagt: Wie ist die Überlebensrate bei Brustkrebs? 80%. Aha - und woher weiß ich jetzt, ob ich auf der 80%- oder auf der 20%-Seite stehe?

Das Warten auf Untersuchungsergebnisse macht durchaus wahnsinnig

Mit dem Entnehmen einer Gewebeprobe aus der Brust weiß man eindeutig, ob die Veränderung in der Brust Krebszellen enthält. Auf das Ergebnis muss man etwa eine Woche warten.

Eine Woche voller Unsicherheit. Eine Woche, die nicht zu enden scheint und unglaublich viel Raum für Sorgen und Ängste lässt. Was ist, wenn…?
Man hat den Eindruck, man könne sich vorbereiten und stärken, indem man alle möglichen Szenarien schon einmal andenkt. Dann ist man gewappnet und wird nicht völlig überraschend von der Diagnose überrollt. Sozusagen Sorgen auf Vorrat. Doch statt die Sorgen zu entmachten, nährt man sie.
Die Realität ist, dass die Zukunft ungewiss ist und dass man sich durch übermäßiges Grübeln über potenzielle Probleme nicht vor ihnen schützen.

Als Therapeutin halte ich nichts von Verdrängen. Das holt einen wieder ein – immer.

Doch zu jeder Regel gibt es Ausnahmen.
Jetzt ist die Zeit für Ausnahmen. Lenk dich ab!
In schwierigen Lebenslagen ist Verdrängen erst einmal ein guter Schutz vor mentaler Überbelastung.
Die Sorgen können warten, bis sie Fakten sind.
Du kannst jetzt eh nichts ändern.

Ablenkung ist dein Freund in der Not

Nichts ist wirklich anders als letzte Woche.
Allerdings hängt ein Schicksalsschwert über dir.
Es ist nicht so einfach, dies zu ignorieren.
Jedoch kannst du auf die Situation und das
Untersuchungsergebnis jetzt im Moment keinen
Einfluss nehmen. Selbst wenn sich Probleme
ergeben sollten, hast du die Fähigkeit, ihnen
zu begegnen und Lösungen zu finden. Also tu jetzt
das, was dir Spaß macht.

Das ist bei jedem unterschiedlich - was ist es
bei dir? Ein Saunatag? Eine Radtour? Dich mit
Freundinnen treffen und shoppen gehen?
Ein Kinoabend? Ein Waldspaziergang?
Ein Tag am Meer?

Mach es! Nicht, weil du es bald nicht mehr kannst
- nein - weil es dir gut tut. Was mit deinem
Körper ist, wird sich zeigen. Deine Psyche dreht
aber schon jetzt am Rad, wenn du ihr freie Hand
gewährst.

Achte darauf, was für DICH richtig ist.

Übe es! Es wird dir helfen, die vielen
Herausforderungen des Lebens zu meistern.
Vielleicht ist jetzt schon der richtige
Zeitpunkt, dich krankschreiben zu lassen.
Auch dann, wenn die Diagnose noch nicht gesichert
ist. Manchen hilft es aber genau jetzt zu
arbeiten und sich abzulenken. Auch okay.
Fühle in dich und entscheide dich bewusst.
Hör hin, was DU jetzt brauchst und entscheide
dann.

Vom Verdacht zur Diagnose: Eine Woche später weiß ich, es ist Brustkrebs!

Da ist sie - in Großbuchstaben - die Frage: WARUM???

Um es kurz zu machen - Pech gehabt - that's it.

Eine andere Antwort gibt es nicht.

Hier ist etwas geschehen, was außerhalb deines Einflusses und deiner Kontrolle liegt. Zellen haben sich verändert.

Es ist wie es ist

Das Hadern mit dem Schicksal bringt selten weiter. Stattdessen kann man viel mehr erreichen, indem man lernt, die Dinge anzunehmen, die man nicht ändern kann.

Hier sind einige Gründe, warum das so ist:

Reduzierung von Stress und Angst: Wenn man sich grämt, dass die Dinge nicht so laufen, wie man es gerne hätte, setzt man sich in einem hohen Maß Stress und Angst aus. Das ständige Grübeln darüber belastet die Psyche enorm. Indem man das Schicksal akzeptiert, kann man diesen unnötigen Stress reduzieren und die mentale Gesundheit stärken.

Fokussierung auf das Hier und Jetzt: Das Hadern mit dem Schicksal lenkt die Aufmerksamkeit oft von den gegenwärtigen Möglichkeiten ab. Statt sich auf das zu konzentrieren, was man beeinflussen kann, verliert man sich in Gedanken über Vergangenes oder Zukünftiges. Indem man das Schicksal akzeptieren, kann man sich auf das konzentrieren, was man in diesem Moment tun kann, und das Leben bewusster gestalten.

Stärkung der Resilienz: Die Fähigkeit, das Schicksal anzunehmen, stärkt die Resilienz und die Fähigkeit, mit Herausforderungen umzugehen. Anstatt sich von schwierigen Situationen entmutigen zu lassen, erkennt man, dass Misserfolge und Schicksalsschläge zum Leben gehören. Diese Einstellung ermöglicht es, schneller wieder aufzustehen und weiterzumachen. Nun kann man bei einer Krebsdiagnose nicht von den typischen Herausforderungen, die das Leben bereithält, sprechen. Das ist schon ein großer Brocken Schicksal, aber das Prinzip ist das Gleiche. Es drückt runter, man zweifelt und strauchelt, man kann sich gar nicht vorstellen, es zu schaffen…. Aber dann kommt die Kraft und der Kampfgeist mit Wucht zurück. **Versprochen!**

Förderung von Gelassenheit und innerem Frieden: Letztendlich führt die Annahme des Schicksals zu einem tieferen Gefühl von Gelassenheit und innerem Frieden. Indem man akzeptiert, dass man nicht alles kontrollieren kann, befreit man sich von der Illusion der absoluten Macht. Natürlich bedeutet das Akzeptieren des Schicksals nicht, passiv zu werden oder sich den Umständen zu ergeben. Es bedeutet vielmehr, die Realität anzuerkennen und darauf basierend konstruktive Entscheidungen zu treffen. Indem man das Schicksal annimmt, kann man die Energie auf die Dinge lenken, die man beeinflussen kann.

In dem Moment, in dem du Situationen akzeptierst, beginnt eine neue, für viele eine ungewohnte Zeitrechnung mit den Headlines:

ICH achte auf meine Bedürfnisse!

ICH bin wichtig!

Mein Tumor hat einen Namen:

G3 - ER 90 - PR 50, Her2 negativ, Ki 67: 25%

Das hört sich nach einem Passwort an, das sich kein Mensch merken kann. Der Arzt erklärte mir einige Dinge. Es wäre egal gewesen, was er gesagt hätte, es war mir nicht möglich, ihm zuzuhören, geschweige denn zu folgen. BRUSTKREBS - OP - Chemo - Bestrahlung. Ich scheine das volle Programm gebucht zu haben. Nee, bitte nicht! Dazu habe ich keine Zeit, keine Nerven und keine... LASS MICH IN RUHE!

Die einzige Frage, die ich stellen konnte, war: „Wie lange wird es dauern, bis ich wieder arbeiten kann?" „Ein Jahr." „WAS?????" Ich vergesse zu atmen. Langsam gelangen seine Worte unter die Haut. Die Schutzmauer bröckelt.

Im Gang vor dem Arztzimmer sitzt mein Mann. Er schaut mich erwartungsvoll an. Ich kann nichts sagen. Er auch nicht. Wir kommen bis zum Treppenhaus. Ich setze mich auf die Treppe und heule bitterlich. Diese Diagnose macht einen fetten Strich durch alles was ist und für dieses Jahr geplant war. In meinem Leben – in seinem Leben.

Vollbremsung bei 180 km/h

Pläne, Ziele, Alltag, Job, Partnerschaft, Kinder... es gibt keinen Bereich, der nicht von der Diagnose betroffen ist. Es fühlt sich an wie Kontrollverlust. Es fühlt sich nicht nur so an, es ist Kontrollverlust, zumindest eine Zeit lang.

„Ich habe Brustkrebs". Es dauert ein paar Tage, bis ich es aussprechen kann

Ich kann nicht darüber reden. Wenn ich es ausspreche, dann ist es eine Tatsache. Ist es auch so, aber ich will es noch immer nicht wahrhaben.

Ich kann es doch selbst nicht erklären, was die Diagnose Brustkrebs bedeutet und was auf mich zukommt / was auf uns zukommt. Wie soll ich es den Menschen, die mir nahestehen, sagen und auf ihre Fragen antworten? Wie soll ich mit ihren Gefühlen umgehen? Soll ich jetzt sie beruhigen, wenn sie plötzlich anfangen zu weinen? Soll ich dann sagen, „Es ist nicht so schlimm"? Ich weiß doch gar nicht, wie schlimm es ist.

Meine Gefühle fahren Achterbahn... Und immer wenn ich denke, jetzt wird es langsamer, jetzt kommt es zum Stillstand und ich weiß wieder, wo oben und unten ist... da wird nochmals beschleunigt... und es geht in die nächste Runde.

Mein Kopfkino hat einen Oscar verdient

Bilder von Krebspatientinnen , so wie man sie aus den Medien kennt, erscheinen vor meinem inneren Auge. Glatze, blass, ausgemergelt, mehr tot als lebendig, nur noch eine Brust...
Ich schaue in den Spiegel. Ich sehe aus wie immer.
Ich bin so konfus.

Brustkrebs und nun? 1000 Fragezeichen. Viele Fragen, keine Antworten

Die Fantasie schlägt Purzelbäume und steht im Wettstreit mit der Angst

Verliere ich meine Brust? Verliere ich erst meine Brust und dann mein Leben? Wie geht eigentlich „Chemo"? Werde ich tagelang von Übelkeit gequält werden? Verliere ich die Haare? Ist vielleicht alles schon zu spät? Wieso hat man den Tumor nicht eher erkannt? Wieso habe ich nichts bemerkt? Hätte ich diesen Krebs vermeiden können?

Die Fragen kommen in einem Tempo, dass es keine Gelegenheit gibt, Antworten zu finden. Auch habe ich keine Vorstellung davon, wer diese Fragen beantworten kann.

Wichtig! Jetzt ist es an der Zeit, dir bewusst Unterstützerinnen zu suchen. Nutze die Erfahrung anderer Frauen mit einer Brustkrebserkrankung und frage nach einem Termin bei einer Psychoonkologin.

Wenn es geht, nimm eine dir vertraute Person mit zu allen Untersuchungen und Arztgesprächen. Ärzte sprechen eine Sprache, die wir Laien weder verstehen noch einordnen können. Vier Ohren hören mehr als zwei. Tauscht euch darüber aus, was ihr gehört habt. Zwei Personen können das gleiche Gespräch unterschiedlich bewerten. Hilfreich ist auch, wenn deine Begleiterin mitschreibt.

TIPP: Schreibe dir vor jedem Arztgespräch deine Fragen auf und lass sie dir so lange erklären, bis du es verstanden hast. Es geht um dich! Es geht um DEIN Leben.

TIPP: Lege schon jetzt einen Ordner an, in dem du alle Befunde, Untersuchungsergebnisse und Arztbriefe sammelst. Da wird im Laufe der Therapie so einiges an Unterlagen zusammenkommen, auf die du ggf. ab und zu zurückgreifen musst.

Ich habe Angst – die Ungewissheit macht mir Angst

Es gibt einige Möglichkeiten, aus deinem Sorgenkarussel auszusteigen und die Kontrolle über deine Gedanken und über dein Leben zurückzuerobern.

Tritt deiner Angst mit Wissen entgegen.
Wissen hilft, Ordnung ins Chaos zu bringen.
Wissen hilft, wieder handlungsfähig zu sein.
Wissen hilft, Situationen realistisch einzuschätzen.
Wissen hilft, die für sich richtige Entscheidung zu treffen.

Wichtige Fragen:

Ist die Diagnose sicher?
Wie ernst ist der Krebs?
Welche Behandlungsmöglichkeiten stehen zur Verfügung?
Welche Nebenwirkungen haben die verschiedenen Behandlungen?
Wie wird sich die Behandlung auf meinen Alltag auswirken?
Was brauche ich, um gut durch die Behandlung zu kommen?
Was brauche ich sicher nicht?
Werde ich meinen Job weiter ausüben können?
Wie wird sich die Diagnose auf meine Familie auswirken?
Gibt es finanzielle Unterstützungsmöglichkeiten für die Behandlung?
Gibt es alternative Behandlungsmethoden?

Welche Folgen kann die Diagnose haben, an die ich
jetzt noch gar nicht denke?
Kann ich aktiv etwas tun, um gut durch die
Behandlung zu kommen?

**Auf all diese Fragen gibt es Antworten -
individuelle, unterschiedliche Antworten.
Eine wichtige Antwort möchte ich vorwegnehmen:**
*Die Realität ist nicht so heftig, wie es in
deiner Fantasie erscheint.*

Achtung! Wer Fragen hat, sucht nach Antworten.
Normalerweise sind wir es gewohnt, mal eben
schnell im Internet zu recherchieren, denn im
Internet findet sich eine überwältigende Menge
an Informationen - und natürlich auch zum Thema
Brustkrebs. Diese sind durchaus auch
widersprüchlich und oft verunsichernd.
Es kann verlockend sein, sofort Dr. Google zu
befragen, aber nicht alle Quellen sind
zuverlässig. Deshalb empfehle ich, ausschließlich
auf seriöse Informationsquellen zu vertrauen, die
sich durch fundiertes Fachwissen und
wissenschaftliche Grundlage auszeichnen.
Im Anhang dieses Buches habe ich eine Auswahl
vertrauenswürdiger Quellen und Empfehlungen
zusammengestellt, die dich sicher durch das
Informationsdickicht leiten und dir dabei helfen,
das Wissen zu finden, das dich wirklich weiter
bringt.

Voruntersuchungen = Untersuchungsmarathon

Ständiger Aufenthaltsort – Wartezimmer

Noch ehe man die Diagnose begriffen hat, beginnt ein Marathon an weiteren Untersuchungen.
Die Ergebnisse aus allen Voruntersuchungen entscheiden über den Therapieverlauf.

Vom Verdacht zur gesicherten Diagnose
Der erste Verdacht entsteht oft durch das Ertasten eines Knotens in der Brust, das Bemerken von optischen Veränderungen oder auch als Befund bei Vorsorgeuntersuchungen wie Brustultraschall oder Mammographie. Dieser erste Verdacht wird dann durch weitere Untersuchungen abgeklärt, bei denen festgestellt werden kann, ob es sich um einen gutartigen oder bösartigen Tumor handelt.

Meist beginnt der Untersuchungsmarathon mit einer Biopsie. Manchmal wird noch eine Mammographie als erstes diagnostisches Verfahren vor der Biopsie durchgeführt.

Mammografie

Die Mammografie ist ein bildgebendes Verfahren zur Untersuchung der Brust, das bei Frauen zwischen 50 und 75 Jahren zu den sogenannten Vorsorgeuntersuchungen gehört. Es handelt sich um eine bewährte Untersuchungsmethode zur Früherkennung, die große Bedeutung für die Heilungschancen hat. Die Mammografie ermöglicht das Erkennen von Auffälligkeiten wie Knoten, Verkalkungen oder anderen Unregelmäßigkeiten im Brustgewebe. Bei diesem Verfahren wird die Brust zwischen zwei Platten positioniert und zusammengedrückt, um klare Bilder zu erhalten und die Strahlenbelastung zu minimieren. Die Röntgenbilder werden aus verschiedenen Winkeln aufgenommen. Die meisten Frauen empfinden das Prozedere als durchaus unangenehm, aber es ist notwendig, um genaue Ergebnisse zu erzielen.

Biopsie

Wirkliche Klarheit bringt die Biopsie, die daher unerlässlich ist. Bei der Biopsie werden Gewebeproben aus der Brust entnommen, die dann im Labor auf Krebszellen untersucht werden. Eine Biopsie wird ambulant durchgeführt.

Bevor die Biopsie beginnt, wird die Haut um die Biopsiestelle herum betäubt. Per Ultraschall wird die genaue Lage der Veränderung in der Brust lokalisiert. Eine Hohlnadel wird eingeschossen, um die Gewebeprobe zu entnehmen. Dies geschieht blitzschnell. Der Schmerz ist minimal, in etwa vergleichbar mit dem Stechen von Ohrlöchern. Das entnommene Gewebe wird von einem Pathologen untersucht, und es dauert bis zu einer Woche, bis das Ergebnis vorliegt. Viele Patientinnen beschreiben diese Zeit des Wartens und der Ungewissheit als eine der größten Herausforderungen während der gesamten Therapie.

Das Ergebnis der Biopsie gibt Aufschluss über die Beschaffenheit des Tumors und bildet die Grundlage für die weitere Therapie, die nun sehr bald beginnen wird. Doch es stehen noch weitere Untersuchungen an.

Knochenszintigramm

Weitere typische Untersuchungen bei der Diagnose Brustkrebs sind das Knochenszintigramm und das CT des Abdomens.

Das Knochenszintigramm ist eine Untersuchung in der Radiologie, bei der überprüft wird, ob in den Knochen Veränderungen zu erkennen sind. Diese Untersuchung gibt Aufschluss darüber, ob der Brustkrebstumor zum Zeitpunkt der Diagnose erkennbare Ablagerungen in den Knochen gebildet hat. Zunächst wird eine geringe Menge radioaktiver Substanz über die Venen injiziert, die sich etwa drei Stunden im Körper verteilt. Erst dann erfolgt die eigentliche Untersuchung, eine Art Röntgenuntersuchung, die etwa 20 bis 30 Minuten dauert. Auf den Bildern zeigt sich die

Verteilung der radioaktiven Substanz im Körper. Sollten Bereiche mit erhöhter Aktivität vorhanden sein, werden sie sichtbar. Diese Untersuchung ermöglicht es den Ärzten, Metastasen in den Knochen frühzeitig zu identifizieren und geeignete Behandlungsmaßnahmen zu ergreifen. Die Auswertung erfolgt in der Regel sofort.

Computertomografie (CT) Abdomen

Das CT des Abdomens ist ein weiteres bildgebendes Verfahren, das verwendet wird, um ein genaues Bild des Bauchraums zu erhalten und Veränderungen an Leber, Gallenblase, Nieren, Bauchspeicheldrüse und Darm zu erkennen. Für ein CT des Abdomens wird ein Kontrastmittel intravenös verabreicht, oft muss dieses aber auch in großen Mengen getrunken werden.
Der Geschmack ist unangenehm.
Während des CT-Scans liegt die Patientin auf einem speziellen Tisch, der durch eine röhrenartige Öffnung des Scanners gefahren wird. Der Scanner sendet eine Serie von Röntgenstrahlen durch den Körper, während der Tisch sich langsam durch den Scanner bewegt. Ein Detektor misst die Intensität der durch den Körper hindurchgelassenen Strahlen, und ein Computer rekonstruiert daraus detaillierte Querschnittsbilder des untersuchten Bereichs.

Die Untersuchung dauert etwa 20 Minuten und ist völlig schmerzfrei, jedoch von nervenden Geräuschen begleitet. Es wird empfohlen, sich etwas Bequemes, Lockeres anzuziehen.

Beide Untersuchungen werden durchgeführt, um festzustellen, ob der Krebs lokal auf die Brust begrenzt ist oder ob er bereits gestreut hat und sichtbare Metastasen im Körper gebildet hat.

Leider sind die Ergebnisse nur Momentaufnahmen und geben keine Gewissheit für die Zukunft.

Die Aufgaben der Lymphe:
Dein körpereigenes Sicherheitsteam

Der mögliche Lymphknotenbefall bei Brustkrebs ist ein wichtiger Faktor für die Prognose und Behandlung der Erkrankung. Lymphknoten sind kleine, bohnenförmige Organe des Lymphsystems, die eine Schlüsselrolle im Immunsystem spielen. Sie sind wie Perlen an einer Kette angeordnet, filtern schädliche Substanzen und enthalten Immunzellen, die gegen Infektionen und Krebszellen kämpfen. Beim Brustkrebs zeigt der Befall der Lymphknoten an, dass sich bereits Krebszellen von der ursprünglichen Tumorstelle in der Brust gelöst haben und auf „Wanderschaft" gegangen sind. Die Lymphknoten haben es geschafft, einige dieser Zellen abzufangen. Bei Krebszellen in den Lymphknoten spricht man von Metastasen, die sich jedoch in ihrer gesundheitlichen Gefahr deutlich von Fernmetastasen in den Knochen oder anderen Organen unterscheiden.

Nur 8% der Frauen haben bereits bei der Erstdiagnose Metastasen.

Ob es den Lymphknoten gelungen ist, alle Krebszellen abzufangen, kann man leider nicht sagen. Ein positiver Lymphknotenbefall ist in der Regel ein Hinweis auf eine voranschreitende Brustkrebserkrankung und erfordert eine intensive Behandlungsstrategie. Das bedeutet, wenn in mehreren operativ entfernten Lymphknoten Krebszellen nachzuweisen sind, ist neben der

Bestrahlung eine unterstützende Chemotherapie erforderlich, da ein Risiko für Mikrometastasen im Körper besteht.

Die Feststellung des Lymphknotenbefalls

Die erste Untersuchung auf Lymphknotenbefall erfolgt in der Regel durch Abtasten der Achselhöhlen und des Schlüsselbeinbereichs. Auch bildgebende Verfahren wie Ultraschall, Mammografie und Magnetresonanztomographie (MRT) können auffällige Lymphknoten identifizieren. Die genaueste Methode zur Feststellung des Lymphknotenbefalls ist die Biopsie bzw. die Entfernung und pathologische Untersuchung der Lymphknoten. Eine häufig verwendete Technik ist die Sentinel-Lymphknotenbiopsie, bei der die ersten Lymphknoten, in die der Tumor abfließt, gezielt untersucht werden. Wenn diese Lymphknoten frei von Krebszellen sind, ist die Wahrscheinlichkeit gering, dass weitere Lymphknoten befallen sind.

Ein riesiger Meilenstein ist erreicht, wenn diese beiden Untersuchungen, das Knochenszintigramm und das CT des Abdomens, ohne Befund bleiben, also negativ sind.

Alle Ergebnisse der Voruntersuchungen laufen in deinem Brustzentrum zusammen.

Zukunftsweisend - Die richtige Wahl von Krankenhaus und Ärzteteam

Die Wahl des für dich richtigen Krankenhauses ist sowohl für deinen Körper als auch für deine Psyche wichtig. Du musst dich gut aufgehoben fühlen und den Ärztinnen und Ärzten vertrauen.

Das Überleben bei Brustkrebs hängt nicht von der schnellstmöglichen, sondern von der bestmöglichen Behandlung ab. Das heißt für dich, mach dir keinen Zeitdruck bei der Entscheidung für ein Krankenhaus – Die Heilung hängt nicht von ein paar zusätzlichen Tagen ab, die du für deine Wahl brauchst.

Achtung! Deine Psyche signalisiert möglicherweise etwas anderes. „Das Ding muss weg – sofort!"

Lass dir die Zeit, die du brauchst, um eine gute Wahl zu treffen.

Grundsätzlich kannst du davon ausgehen, dass du in Mitteleuropa eine gute medizinische Behandlung nach dem aktuellen wissenschaftlichen Stand erhältst.

Hier findest du einige Aspekte, die du bei deiner Entscheidung, in welchem Krankenhaus du dich behandeln lassen möchtest, berücksichtigen kannst.

Deine Wahl sollte auf ein **zertifiziertes Brustzentrum** fallen, denn die Zertifizierungen bedeuten, dass das Zentrum bestimmte Qualitätsstandards erfüllt. Das Team im Brustzentrum setzt sich aus qualifizierten und erfahrenen Fachleuten zusammen – Onkologen, Gynäkologen, Chirurgen, Radiologen, Pathologen, Onkologische Pflegekräften – und ist somit in der Lage, **multidisziplinär** zu arbeiten. Das Ärzteteam dieser verschiedenen Fachrichtungen tauscht sich in der sogenannten Tumorkonferenzen aus und sie planen gemeinsam die individuellen Aspekte deiner Diagnostik und Therapie.

Ein zertifiziertes Brustzentrum verfügt über modernste Technologie und Ressourcen für Diagnose, Behandlung und Nachsorge, einschließlich Bildgebungstechniken wie Mammographie, Ultraschall und MRT sowie über eine gynäkologische und chirurgische Abteilung.

Interessant ist auch die Frage nach der Erfahrung, also wie viele Brustkrebsbehandlungen der behandelnde Arzt oder die Ärztin pro Jahr durchführt.

Auch die **Behandlungsphilosophie** ist von großer Bedeutung. Achte darauf, wie mit dir gesprochen wird, ob dir die Behandlung erklärt wird und mit dir unterschiedliche Möglichkeiten besprochen werden. Du wirst schnell ein Gefühl dafür entwickeln, ob du als Patientin mit deinen individuellen Bedürfnissen wahrgenommen wirst und ob das Ärzteteam ein Gefühl dafür hat, was die Diagnose für dich bedeutet. Für sie ist es Alltag. Für dich ist es ganz wichtig, als Frau mit Fragen, Ängsten, Bedürfnissen und Unsicherheiten ernst genommen zu werden.

Erkundige dich nach den **unterstützenden Dienstleistungen** oder Programmen, die das Brustzentrum für Patientinnen und ihren Familien anbietet, wie psychosoziale Unterstützung, Ernährungsberatung, genetische Beratung, Selbsthilfegruppen und Rehabilitationsprogramme. Versuche, Bewertungen und Erfahrungsberichte anderer Patientinnen zu finden, um mehr über ihre Erfahrungen mit dem Brustzentrum zu erfahren.

Bedenke unbedingt,dass die Therapien zeitaufwendig und kräftezehrend sind.Deshalb sollte das Brustzentrum für dich **gut erreichbar** sein. Sich für eine Klinik mit Top-Ruf zu entscheiden, die aber 100 km entfernt ist, wird während der Therapie praktisch nicht machbar sein. Du wirst sooo oft dort sein müssen.
Als Beispiel: Bei einer verordneten Strahlentherapie wirst du für ca. fünf bis sechs Wochen an fünf Tagen pro Woche zur Klinik müssen. Allerdings gibt es durchaus die Möglichkeit, die Therapie und die OP in unterschiedlichen Kliniken machen zu lassen.
Bei der OP ist eine gute Chirurgin, die zusätzlich auch das optische Endergebnis berücksichtigt, durchaus wichtig.
Es werden Narben entstehen. Dass der Krebstumor vollständig entfernt werden muss, steht außer Frage, aber dass ebenso das optische Ergebnis gut gemacht ist, ist durchaus auch von Bedeutung.

Machtwechsel: Die Angst weicht zurück – deine Stärke und Zuversicht schreiten voran

Kontrolle wiedererlangen

Dank unseres sozialen Gesundheitssystems erhält man nach einer Brustkrebsdiagnose alle medizinischen Therapien, die dem aktuellen Stand der Wissenschaft entsprechen.

Eigentlich könnte man entspannt bleiben und müsste nur den Ärzten vertrauen … wäre da nicht unsere Psyche, die seit der Diagnose Brustkrebs in höchster Alarmbereitschaft ist. Selbst wenn es tagsüber gut gelingt, die Sorgen und wirren Gedanken nicht allmächtig werden zu lassen, kommen nachts, im Dunkeln, wenn es ganz ruhig auf der Welt wird, die Monstergedanken aus ihren Verstecken und feiern ein betäubendes, lautes Fest direkt auf unserem Kopfkissen.

Als Psychoonkologin erlebe ich täglich, dass der Kontrollverlust, der mit der Diagnose einhergeht, zusammen mit der auslösenden Angst, das Leben von Brustkrebspatientinnen beeinflusst. Nein, du drehst jetzt nicht auch noch hysterisch am Rad. Du erlebst gerade eine herausfordernde Zeit. Alle Sinne sind im Krisenmodus, den der Satz: „Es ist Brustkrebs", in Schallgeschwindigkeit ausgelöst hat.

Aus Sicht der Psychologie ist Angst eine natürliche und wichtige emotionale Reaktion, die uns vor potenziellen Gefahren warnt. Somit ist Angst ein Alarmsystem, das sowohl auf physische als auch auf psychische Bedrohungen oder Risiken reagiert. Das Signal Angst spielt eine Schlüsselrolle bei der Mobilisierung von Ressourcen, um mit herausfordernden oder bedrohlichen Situationen umzugehen.

Die Angst kann motivieren, sich vor potenziellen Gefahren zu schützen, indem sie auffordert, vorsichtig zu sein und entsprechende Maßnahmen gegen die Gefahr zu ergreifen.

Die Angst davor, an Brustkrebs zu sterben, ermutigt demnach gleichzeitig, alle bewährten und anerkannten Therapien zu nutzen, auch mit dem Wissen, dass es ein körperlich und psychisch anstrengender Weg wird.

Darüber hinaus kann Angst auch als ein Signal dienen, das auf persönliche Grenzen und Bedürfnisse hinweist. Sie kann uns dazu ermutigen, uns selbst zu schützen und gesunde Grenzen zu setzen.

Das ist, kurz angerissen, eine Erklärung dafür, dass viele Brustkrebspatientinnen berichten, dass sich sowohl Werte verändern, als auch zwischenmenschliche Beziehungen.
Für Brustkrebspatientinnen ist es absolut normal, Ängste zu haben. Die Diagnose, die Behandlungen und die Ungewissheit über die Zukunft lösen starke Gefühle der Angst aus. Es ist wichtig zu verstehen, dass dies ein Teil des Prozesses ist. Wenn Ängste überhandnehmen, unkontrollierbar werden und das normale Funktionieren anhaltend beeinträchtigen, ist der Grat zu einer entstehenden Angststörung sehr gering.

Nutze professionelle Hilfe in Form von psychoonkologischer Unterstützung. Sie ist dein Fallschirm, der dich sanft abfedert und sicher durch die Akuttherapie leitet.

Bewährte Übungen gegen deine Angst

Gedankenwelle:

Wenn eine bedrohliche Angstwolke am Horizont schwarz und düster aufzieht, suche dir Schutz. Es gibt verschiedene Techniken, um mit den aufkommenden und wirren Gedanken, die die Angst nähren, umzugehen.

Hier ein kleiner Ausschnitt:

Tiefes Atmen:

Konzentriere dich auf deine Atmung und versuche, langsam und tief zu atmen. Tiefe Bauchatmung kann dazu beitragen, den Körper zu beruhigen und das autonome Nervensystem auszugleichen.
Eine Übung:

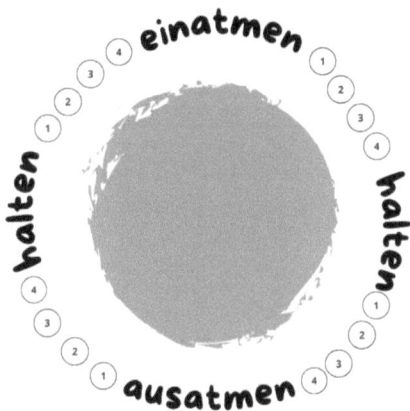

Progressive Muskelentspannung:
Diese Entspannungstechnik, bei der einzelne Muskelgruppen bewusst angespannt und anschließend gezielt entspannt werden, hilft, körperliche Spannungen abzubauen und eine tiefe Entspannung des gesamten Körpers zu fördern.

Eine Übung, die du überall durchführen kannst – auch im Wartezimmer:
Setze dich in eine bequeme Position, schließe deine Augen und konzentriere dich auf deine Atmung. Beginne damit, deine rechte Hand bewusst anzuspannen. Balle mit viel Energie deine Faust. Halte diese Spannung für etwa 5-10 Sekunden. Nach dieser Zeit entspanne die Hand plötzlich und spüre den Unterschied zwischen Anspannung und Entspannung. Konzentriere dich für 20-30 Sekunden auf das Gefühl der Entspannung in deiner Hand. Wiederhole diese Übung mit der linken Hand und fahre fort, indem du andere Muskelgruppen nacheinander anspannst und dann entspannst.

Bleibe im Hier und Jetzt:
Das Hier und Jetzt zu sein bedeutet, sich bewusst auf den gegenwärtigen Moment zu konzentrieren, ohne sich von Gedanken an die Vergangenheit oder die Zukunft ablenken zu lassen. Du nimmst während der Übung bewusst deine Umgebung wahr und wirst durch deine Konzentration ruhiger und entspannter.

Eine Übung:

Diese Übung heißt 5 4 3 2 1

5 Dinge sehen – was siehst du? Benenne es!

4 Dinge spüren – was spürst du? Achtung, damit sind keine Gefühle gemeint, sondern konkretes Spüren im Raum, wie z.B. der Stuhl auf dem ich sitze ist hart, der Raum ist warm, es geht ein leichter Windzug...

3 Dinge hören – was hörst du?

2 Dinge riechen – wie riecht es hier ?

1 Ding schmecken – was schmeckst du? Nimm ggf. ein Bonbon in den Mund und beschreibe den Geschmack.

Achtsamkeit:

Praktiziere Achtsamkeit, indem du dich auf den gegenwärtigen Moment konzentrierst und deine Gedanken, Emotionen und Empfindungen ohne Bewertung beobachtest.

Visualisierung:

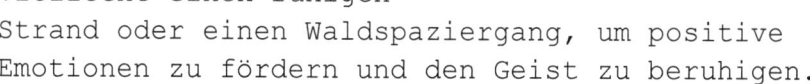

Stelle dir eine
beruhigende Szene vor,
viellecht einen ruhigen
Strand oder einen Waldspaziergang, um positive Emotionen zu fördern und den Geist zu beruhigen.

Eine Übung:

Schick deine Gedanken auf die Reise.

Wenn es geht, schließe deine Augen und stelle dir vor, wie du an einem wunderschönen, abgelegenen Strand stehst.

Du spürst den warmen Sand unter deinen Füßen und hörst das sanfte Rauschen der Wellen.
Ein angenehmer Meeresduft liegt in der Luft und eine leichte Brise streicht über deine Haut, während die Sonne am Horizont langsam untergeht.

Du atmest tief ein und aus, während du die entspannende Atmosphäre des Strandes auf dich wirken lässt. Mit jedem Atemzug fühlst du dich ruhiger und gelassener.

Nun beginnst du langsam entlang des Ufers zu gehen. Die sanften Wellen umspielen deine Füße und hinterlassen ein angenehmes Gefühl der Erfrischung. Du spürst, wie alle Anspannung und Sorgen mit jeder Welle weiter und weiter fortgetragen werden, bis sie schließlich ganz verschwinden.

Während du weitergehst, entdeckst du einen ruhigen Platz unter einer majestätischen Palme. Du setzt dich hin und lehnst dich gegen den warmen Stamm. Von hier aus hast du einen atemberaubenden Blick auf das ruhige Meer, das sich vor dir erstreckt.

Du schließt die Augen und lauschst dem beruhigenden Klang der Wellen. Mit jedem Moment fühlst du dich tiefer entspannt und gelassen.

Alle Gedanken und Sorgen verblassen, während du dich einfach nur im Hier und Jetzt genießt.

Genieße diesen Moment der Ruhe und Gelassenheit am Strand, bis du bereit bist, langsam und sanft in deine normale Umgebung zurückzukehren. Wenn du soweit bist, spüre deinen Atem, öffne deine Augen und nimm die Gefühle der Entspannung und Erneuerung mit in deinen Alltag.

Ablenkung:

Lenke deine Aufmerksamkeit bewusst auf etwas anderes, das dich beschäftigt oder beruhigt. Es ist wissenschaftlich erwiesen, dass das Gehirn nicht im Angstmodus verweilen kann, wenn du singst oder tanzt. Also drehe deine Lieblingsmusik laut auf und singe oder tanze dazu.

Positive Selbstgespräche:

Erinnere dich daran, dass deine Angst vorübergehend ist und dass du die Fähigkeit hast, damit umzugehen.
Nutze positive und unterstützende Selbstgespräche, um dich selbst zu beruhigen und deine Selbstsicherheit zu stärken. Kommt dir das Sprechen mit dir selbst komisch vor? Nein, ist es nicht. Es ist eine erprobe und wirkungsvolle psychotherapeutische Methode.

Kognitive Umstrukturierung:

Überprüfe deine Gedanken auf irrationale oder übertriebene Überzeugungen und ersetze sie durch realistischere und unterstützende Gedanken.
Das kann helfen, den Einfluss negativer Gedankenspiralen zu reduzieren.
Anstatt: „Sicherlich geht es mir jetzt sechs Monate nur schlecht, bei mir ist es ja immer schlimmer als bei anderen", sag dir doch mal: „Es wird gute und schlechte Tage geben und an den guten Tagen wird es mir gelingen so viel Kraft zu tanken, dass ich die schlechten Tage auch schaffe."
Es ist wichtig zu betonen, dass nicht alle Techniken für jede Frau gleichermaßen wirksam sind. Es kann hilfreich sein, verschiedene Methoden auszuprobieren und herauszufinden, welche am besten für dich funktionieren.

Bei schwereren oder häufig auftretenden Angstattacken ist es ratsam, sich durch eine Psychoonkologin unterstützen zu lassen.

Fazit: Es ist normal, Angst zu haben, besonders in der Situation, in der du lernen musst zu akzeptieren, dass dein Alltag ziemlich aus den gewohnten Bahnen geschleudert wurde und deine Fantasie ihr Übriges tut, um dich auf einem hohen Stresslevel zu halten. Aber: Du bist deiner Angst nicht hilflos ausgeliefert.

Wichtiger Gedankenblitz: Die Diagnose berührt auch deine Familie und Freunde. Auch sie haben Ängste, ähnlich wie du.

Wissen frisst Angst

– zumindest mal eine große Portion.
Durch den Erwerb von Wissen über deine Brustkrebserkrankung, die Behandlungsmöglichkeiten und Bewältigungsstrategien kannst du deine Ängste besser verstehen und kontrollieren. Je mehr du über Brustkrebs weißt, desto einfacher ist es, dein fantasievolles Kopfkino zu stoppen. Deshalb werde ich dir im Folgenden nun genaue Infos, echte Fakten und fundiertes Wissen zu deiner Erkrankung liefern.

Wichtig! Brustkrebs ist gut heilbar.
Je früher er erkannt wird, desto besser sind die Heilungschancen.

Brustkrebs ist nicht gleich Brustkrebs

Brustkrebs ist ein Oberbegriff, der alleine noch sehr wenig aussagt, denn die spezifischen Merkmale des Tumors unterscheiden sich erheblich, und daraus folgend unterscheiden sich auch die Therapien und die Heilungschancen.

Die meisten Brusttumore entstehen in den Milchgängen (duktal) oder in den Drüsenläppchen (lobulär).

Das DCIS - Das duktale Carcinoma In Situ
Oder: Hier braut sich etwas Ungutes zusammen

Das DCIS sind veränderte Zellen, die sich in den Milchgängen der Brustdrüse entwickeln, jedoch noch nicht in das umliegende Gewebe eingedrungen sind. Bisher ist es nicht möglich mit Sicherheit zu sagen, wann und wie sich ein DCIS entwickelt. Es kann, unwissenschaftlich gesprochen, als eine ernst zu nehmende Vorstufe von Brustkrebs eingestuft werden, es ist aber noch kein Brustkrebs.

Das DCIS kann durch eine chirurgische Entfernung des Tumors, plus ggf. ergänzender Strahlen-therapie, geheilt werden.
Wie weitreichend jedoch der chirurgische Eingriff sein muss, hängt von der Größe und Lage ab. Ist es an mehreren Stellen in der Brust nachweisbar, kann eine Mastektomie (chirurgische Entfernung der gesamten Brust) notwendig sein. Die Prognose für DCIS ist sehr gut. Die Rückfallquote nach erfolgter Behandlung ist sehr gering.

 **gesunder Milchgang**

 **DCIS**

 **Invasibeler Brustkrebs**

Es ist Brustkrebs

Verändern sich Zellen, vermehren sie sich unkontrolliert und dringen in das umliegende Gewebe ein und schädigen es dadurch. Gilt der Tumor als zerstörend (invasiv) und bösartig, lautet die Diagnose: Brustkrebs. In der Fachsprache wird Brustkrebs als Mammakarzinom bezeichnet.

Hat sich der Verdacht auf Brustkrebs bestätigt, ist es wichtig, das Tumorstadium genau zu bewerten und die Tumorbiologie zu bestimmen, denn hiernach richtet sich die Behandlung. Die Klassifizierung geschieht nach international allgemeingültigen Kriterien.

Die TNM-Klassifikation

Die TNM-Klassifikation, auch Staging genannt, gibt Auskunft über die Größe und Ausbreitung der Tumorerkrankung.

"T" steht für die Tumorgröße (je größer die Ziffer hinter dem "T", umso größer der Tumor),

"N" steht für Lymphknoten/Lymphknotenbefall (die Ziffer hinter dem "N" sagt, wie viele Lymphknoten von Tumorzellen befallen sind), und

"M" steht für Metastasen/Über die Lymphbahnen und das Blut können einzelne Tumorzellen in andere Bereiche des Körpers gelangen. Metastasen sind Krebszellen, die sich vom Tumor gelöst und in Organen des Körpers festgesetzt haben.

Befallene Lymphknoten sind ebenfalls Absiedlungen des Brustkrebstumors. Sie sagen aus, dass bösartige Krebszellen sich aus dem ursprünglichen Tumor gelöst haben und sich „auf dem Weg gemacht haben." Sie werden aber nicht wie Metastasen in den Knochen oder Organen bewertet. Den Lymphen ist es gelungen, sie herauszufiltern, also sie aufzuhalten. Ob es ihnen aber gelungen ist, alle aufzuhalten, ist leider nicht vorhersagbar. Daher bedeutet ein Lymphknotenbefall, insbesondere wenn mehrere Lymphknoten befallen sind, meist, dass zu einer Chemotherapie geraten wird.

Um das Wachstumsverhalten zu beurteilen, werden meist zwei Faktoren verwendet:

Das Grading - der Differenzierungsgrad

Das Grading beschreibt die Bösartigkeit – wie sehr unterscheiden sich die Krebszellen von normalen Zellen? Wie aggressiv sind die Krebszellen?

- G1: gut differenziert (weniger bösartig)
- G2: mäßig differenziert
- G3: schlecht differenziert
- G4: nicht differenziert (sehr bösartig) Aggressive Tumoren können schneller wachsen, schneller Metastasen bilden oder schneller wiederkehren (rezidivieren).

Ki 67 – der Zellteilungsmarker

Ki-67 ist ein Protein, das nur in Wachstums-
phasen auf der Zelloberfläche auftaucht.

Mit der Bestimmung dieses Wertes kann man also
wachstumsaktive Zellen erkennen.
Ki-67 wird als Prozentzahl angegeben.

- Ki-67 unter 10%: niedrige
  Wachstumsgeschwindigkeit
- Ki-67 über 25%: hohe
  Wachstumsgeschwindigkeit

Tumore mit einem hohen Ki-67 wachsen also
deutlich schneller.

Da die Chemo nur Zellen tötet, die sich im
Wachstum/in der Teilung befinden, hat die Chemo
hier eine sehr gute Wirkungseffizienz. Somit ist
die Ki-67 eine ergänzende Information zum Grading
und bei der Entscheidung, für oder gegen eine
Chemotherapie, relevant.

Die Tumorbiologie

Die biologischen Tumoreigenschaften beeinflussen
den Krankheitsverlauf, die Therapiemöglichkeiten
und die Prognose einer Patientin.

Brustkrebszellen können auf ihrer Oberfläche
Kontaktstellen **(Rezeptoren)** für bestimmte
Botenstoffe tragen.

Für die Behandlung des Brustkrebses spielen drei
Rezeptoren eine wichtige Rolle:

- **Östrogenrezeptor (ER)**
- **Progesteronrezeptor (PR)**
- **HER2-Rezeptor**

Je nachdem, ob die Krebszellen über solche
Kontaktstellen verfügen oder nicht, bezeichnet
man einen Krebs als Hormonrezeptor-positiv oder
Hormonrezeptor-negativ. Vereinfacht ausgedrückt:
Es sagt aus, welches Hormon den Krebs ernährt und
zum Wachstum und zur Zellteilung anregt. Etwa 70
bis 80 Prozent aller Brustkrebspatientinnen haben
einen hormonrezeptorpositiven Tumor, jedoch in
unterschiedlich stark ausgeprägter Form.

 Her2 negativ

 Her2 low

 **Her2 positiv**

Wenn Tumorzellen durch Hormone wachsen, bedeutet
dies im Umkehrschluss, dass ihr Wachstum durch
Hormonentzug verlangsamt oder gestoppt werden
kann. Für die Therapieentscheidung hat der
Hormonrezeptorstatus eines Tumors eine wichtige
Bedeutung.

Die verschiedenen Brustkrebs-Subtypen

Aus den Kombinationen Hormonrezeptorstatus und HER2-Status ergeben sich vier Brustkrebs-Subtypen. Die Einteilung und damit die Therapie sind abhängig vom Vorhandensein und vom Umfang der jeweiligen Rezeptoren.

Luminal A

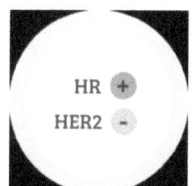

Der Hormonrezeptor ist positive/ HER 2 negativ.
Etwa zwei Drittel aller betroffenen Frauen haben diese Form des Brustkrebses.

Wenn zusätzlich das Grading und Ki 67 niedrig und keine Lymphe befallen sind, kann auf die Chemo verzichtet werden.

Her2 positiv

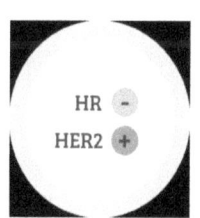

Hormonrezeptor negativ/ HER2 positiv
An den Her2Rezeptoren binden sich Wachstumsfaktoren.
Je mehr Her2 Rezeptoren auf den Krebszellen sind,
um so schneller wächst der Tumor.

Zusätzlich zur OP und der Chemotherapie können Patientinnen von einer zusätzlichen zielgerichteten Therapie mit einem entsprechenden Anti-Her2 Therapie profitieren.

Luminal B

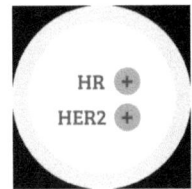

Hormonrezeptor positiv/
HER2 positiv
Dieser Krebs bildet nicht nur
viele HER2-Rezeptoren,
sondern besitzt auch einen
positiven
Hormonrezeptorstatus.

Die Patientin bekommt in der Regel eine
Chemotherapie, eine AntiHer2 Therapie und
eine endokrine Therapie.

Triple negativ

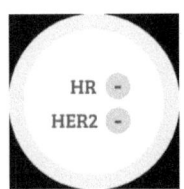

Hormonrezeptor negativ
HER2 negativ
Bei 10-20% der Tumore
sind auf dem Krebs keine
Östrogen-,Progesteron-
oder HER2-Rezeptoren.
Sie gelten als "triple-
negativ."

Triple-negativer Brustkrebs ist oft aggressiver
und schwieriger zu behandeln, als andere Formen
von Brustkrebs. Viele jüngere Brustkrebspatientinnen haben diesen Brustkrebstyp.
Er galt lange als der gefährlichste Brustkrebstyp, da er keine guten Behandlungsansätze bietet.
Hier hat die Forschung in den letzten Jahren
große Fortschritte gemacht.

Ein unausweichliches Erbe:
Der genetisch bedingte Brustkrebs

Erblicher Brustkrebs

Brustkrebs ist eine der häufigsten Krebs-
erkrankungen, und jede achte Frau erkrankt im
Laufe ihres Lebens daran. In manchen Familien
tritt Brustkrebs jedoch gehäuft auf, was auf
eine genetische Ursache hinweisen kann - eine
Veranlagung in den Genen - eine Genveränderung
(Mutation), die weitervererbt wird. Nur etwa 5
bis 10 % aller Brustkrebserkrankungen lassen sich
auf ein krankheitsauslösendes Gen zurückführen.
Ist man Genträgerin, ist das Risiko, an
Brustkrebs zu erkranken, deutlich erhöht.
Diese Frauen erkranken in der Regel jünger und
es besteht die Gefahr, die Mutation an ihre
Kinder weiterzuvererben.

Welche Gene sind betroffen?

Die beiden Gene, die am häufigsten für erblichen Brustkrebs verantwortlich sind, sind BRCA1 und BRCA2. Mutationen in diesen Genen können die Fähigkeit der Zellen zur Reparatur von DNA-Schäden beeinträchtigen, was zur Entstehung von Krebs führen kann. Neben BRCA1 und BRCA2 gibt es weitere Gene, die das Brustkrebsrisiko erhöhen können, darunter CHEK2, RAD51C, ATM, BARD1 und TP53. Mutationen in diesen Genen gelten als moderat, erhöhen aber gegebenenfalls das Risiko für andere Krebsarten.

Wichtig ist: Die Genmutation wird vererbt, nicht die Brustkrebserkrankung.

Krankheitsrisiken für Gen-Trägerinnen

Die Wahrscheinlichkeit, dass Frauen mit einer BRCA1-Mutation an Brustkrebs erkranken, liegt bei fast 80 %, bei Frauen mit einer BRCA2-Mutation bei 55 %. Zudem besteht ein deutlich erhöhtes Risiko für Eierstockkrebs.

Auch Männer können betroffen sein; etwa 6 % der Männer mit einer BRCA-Mutation entwickeln Brustkrebs.

Frauen mit einer BRCA-Mutation erkranken in der Regel früher an Brustkrebs, als Frauen ohne diese Mutation. Das Alter bei der Diagnose (unter 36 Jahren) kann ein erstes Anzeichen für eine Genmutation sein. Das Risiko, dass Trägerinnen dieser Genmutation an beiden Brüsten erkranken, ist ebenfalls hoch, und der Tumor ist oft sehr aggressiv. BRCA1-Veränderungen treten häufig mit

den Tumormerkmalen "triple negativ" und
schlechtem Differenzierungsgrad auf.

Gentests und Beratung

Durch einen Gentest kann sicher festgestellt
werden, ob eine Genmutation vorliegt. Dieser Test
wird meist an Universitäten durchgeführt und ist
ein Bluttest. Die Auswertung ist sehr aufwendig
und es dauert mehrere Wochen bis zum Ergebnis.

Der Gentest gehört nicht zu den routinemäßigen
Testungen, die grundsätzlich veranlasst werden.
Es muss ein begründeter Verdacht auf eine
genetische Veränderung bestehen. Sollte eines
oder mehrere der folgenden Kriterien erfüllt
sein, ist es ratsam, den Test durchzuführen:

- Erkrankung von zwei Familienmitgliedern an
  Brustkrebs, wenn eine davon jünger als 50
  Jahre ist.
- Altersunabhängige Brustkrebserkrankung von
  drei Familienmitgliedern.
- Erkrankungen an sowohl Brust- als auch
  Eierstockkrebs in der Familie.
- Erkrankung an einseitigem Brustkrebs im
  Alter von 36 Jahren oder früher.
- Erkrankung an beidseitigem Brustkrebs, wobei
  mindestens eine Erkrankung vor dem 51.
  Lebensjahr diagnostiziert wurde.
- Erkrankung einer Frau an Brust- und
  Eierstockkrebs.
- Erkrankung von zwei Frauen an Eierstockkrebs
  unabhängig vom Alter.
- Mindestens eine Frau mit triple-negativer
  Brustkrebserkrankung vor dem 50. Geburtstag.

Ein Gentest alleine kann jedoch nicht voraussagen, ob und wann Brustkrebs auftritt, sondern zeigt lediglich das sehr stark erhöhte Risiko auf.

Konsequenzen bei positivem Testergebnis

Für Frauen mit einer hohen genetischen Disposition gilt es, Maßnahmen zur Abwendung unerwünschter Ereignisse, die mit einer großen Wahrscheinlichkeit eintreten werden, zu ergreifen. Es besteht die Möglichkeit engmaschiger Vorsorgeuntersuchungen.
Diese umfasst eine halbjährliche ärztliche Tastuntersuchungen, halbjährliche Ultraschall-untersuchungen der Brüste sowie jährliche Mammografien und MRT-Untersuchungen.
Diese Früherkennungsmaßnahmen beginnen in der Regel ab dem 25. Lebensjahr oder fünf Jahre vor dem frühesten Erkrankungsalter in der Familie.
Darüber hinaus besteht die Möglichkeit, bei Frauen, die noch nicht erkrankt sind, die familiäre Hochrisikosituation durch antihormonelle Therapeutika abzumildern. Diese Therapeutika verursachen bei manchen Frauen jedoch starke Nebenwirkungen.

Es muss herausgefunden werden, welche Risiko-bereitschaft die betroffene Person bereit ist einzugehen. Im Klartext: Ist man bereit zu warten, bis der Brustkrebs diagnostiziert wird und beginnt dann mit der Behandlung, oder möchte man sich jetzt vorsorglich einer radikalen und weitreichenden Therapie zu unterziehen?

Eine präventive Maßnahme bei der BRCA1-Mutation ist die vorsorgliche Entfernung beider Brüste (Mastektomie), die das Brustkrebsrisiko um mehr als 95 % und das Sterberisiko um 90 % senkt. Diese Operation ist jedoch ein radikaler und schwerwiegender Eingriff. Die Entfernung der Eierstöcke kann zusätzlich das Risiko für Eierstockkrebs um 97% senken.

Wichtig! Wenn bei dir erblicher Brustkrebs diagnostiziert wird und festgestellt wurde, dass du Genträgerin bist, ist leider auch das Risiko für deine Geschwister und Kinder hoch. Auch dieser Personenkreis kann, wenn gewünscht, in ein spezielles Früherkennungsprogramm aufgenommen werden.

Ebenso wichtig zu wissen: Bei erblichem Brustkrebs gelten im Rahmen der Systemtherapie die gleichen Kriterien für den Einsatz einer Chemotherapie wie bei nicht-erblichem Brustkrebs. Die Amputation beider Brüste ersetzt also nicht eine möglicherweise notwendige Chemotherapie.

Brustkrebs und Kinderwunsch:
Wege zur Fruchtbarkeitserhaltung
und Hoffnung

„Haben Sie noch einen Kinderwunsch oder ist ihre Familienplanung abgeschlossen?" wird Nina (36) von ihrer Ärztin bei der Befundbesprechung gefragt. „Na, die hat Nerven – als hätte ich jetzt nicht andere Sorgen," denkt Nina.

Nina sieht keinen Zusammenhang zwischen dem Thema Brustkrebs und zukünftiger Familienplanung. Doch Brustkrebs kann tatsächlich erhebliche Auswirkungen auf die Familienplanung haben.

Der hormonabhängige Brustkrebs

Hat man anhand der Tumorbiologie gesehen, dass der Brustkrebs sich durch weibliche Hormone nährt, also die weiblichen Hormone das Tumorwachstum fördern, muss die natürliche Hormonbildung des Körpers unterdrückt werden. Dies geschieht:

- ➢ Durch das Ausschalten der Eierstöcke. Hier gibt es zwei Möglichkeiten: das Spritzen von Medikamenten (GnRH-Analoga oder Zoladex monatlich über zwei bis drei Jahre) oder das operative Entfernen der Eierstöcke.
- ➢ Durch eine Antihormontherapie. In der Regel wird eine fünf- bis siebenjährige Antihormontherapie angeraten. Diese bewirkt, dass die Patientin künstlich in die Wechseljahre versetzt wird, mit allen bekannten Nebenwirkungen (Hitzewallungen, Stimmungsschwankungen, Schlafstörungen, trockene Schleimhäute, Libidoverlust, Gewichtszunahme…).

Wichtig zu wissen: Antihormontherapien wie Tamoxifen bieten keinen 100%igen Schutz vor Schwangerschaft. Eine Schwangerschaft sollte jedoch vermieden werden, da sie zu Fehlbildungen beim Kind führen könnte. Die Chemotherapie kann die Fruchtbarkeit ebenfalls beeinträchtigen oder zu vorübergehender oder dauerhafter Unfruchtbarkeit führen.

Genetische Veranlagung

Frauen mit einer genetischen Veranlagung für Brustkrebs, also mit Mutationen in den BRCA-Genen, wird oft eine präventive Mastektomie plus Eierstockentfernung empfohlen.

Emotionale Belastung

Die Diagnose und Behandlung von Brustkrebs können eine enorme emotionale Belastung für die betroffene Frau und ihren Partner darstellen. Diese Belastung kann sich auf die Beziehung und die Pläne für die Familienplanung auswirken.

Langfristige Auswirkungen

Brustkrebs ist oft gut behandelbar. Es gibt aber keine Garantie auf Heilung. Die Angst vor einem Wiederauftreten der Krebserkrankung kann dazu führen, dass Paare zögern, eine Schwangerschaft zu planen. Es ist wichtig, sich frühzeitig durch einen Fruchtbarkeitsspezialisten beraten zu lassen, um über alle verfügbaren Optionen gut informiert zu sein und um eine individuelle Fruchtbarkeitserhaltungsstrategie zu entwickeln, die die Bedürfnisse und Wünsche der Frau und des Partners berücksichtigt.

Möglichkeiten zur Erhaltung der Fruchtbarkeit

Trotz der Herausforderungen durch eine Brustkrebsdiagnose gibt es verschiedene Möglichkeiten, die Fruchtbarkeit zu erhalten.

Vorbeugende Maßnahmen: Ovarialschutz

Die Chemotherapie greift Zellen an. Ovarialschutz bedeutet, besondere Maßnahmen zu ergreifen, die die Eierstöcke vor Schädigungen durch das Chemomedikament schützen und mögliche Nebenwirkungen einer vorzeitigen Menopause oder einer dauerhaften Unfruchtbarkeit verringern.

Kryokonservierung von Eizellen oder Embryonen

Eine weitere Möglichkeit ist das Einfrieren von Eizellen oder Eierstockgewebe (Kryokonservierung), die dann nach Abschluss der Therapie – bei Bedarf – für eine Fertilitäts-behandlung genutzt werden können.

Eizellen können sowohl im befruchteten als auch im unbefruchteten Zustand eingefroren werden, wobei die Erfolgsaussichten für eine spätere Schwangerschaft bei bereits befruchteten Eizellen höher sind. Frauen mit Partner können sich vor der Krebstherapie für eine In-vitro-Fertilisation (IVF) entscheiden. Hierbei werden der Frau stimulierte Eizellen entnommen und im Labor mit dem Sperma des Mannes befruchtet. Sobald diese Befruchtung stattgefunden hat und die Zellen sich mehrfach teilen, kann dieser Prozess durch Einfrieren gestoppt werden. Bei Kinderwunsch nach der Krebstherapie werden diese befruchteten Eizellen in die Gebärmutter der Frau übertragen und es entsteht, wenn diese sich wie gewünscht einnisten und weiterentwickeln, eine normale Schwangerschaft. Eierstockgewebe kann in einem kleinen Eingriff operativ entnommen und eingefroren werden. Die Erfolgsrate einer späteren Schwangerschaft ist, nach heutigem Stand der Technik, geringer als bei der Entnahme von Eizellen.

Wichtig! Die Entnahme von Eizellen oder Eierstockgewebe muss vor Beginn der Chemo- oder Antihormontherapie erfolgen. Die Beratung und Durchführung von fertilitätserhaltenden Maßnahmen kann etwas Zeit in Anspruch nehmen. Du hast die Zeit, in Ruhe eine Entscheidung zu treffen, ohne dich zu gefährden. Es ist jedoch zu bedenken, dass die Stimulation der Eizellen durch Hormongabe erfolgt. Das bedeutet, insbesondere hormonabhängige Tumore werden mit der Stimulation gefüttert. Lass dich gut beraten!

Seit Juni 2023 übernehmen die Krankenkassen bei Brustkrebspatientinnen im Alter zwischen 18 und 40 Jahren die Kosten der Kryokonservierung.

Hoffnung für die Zukunft

Mit Unterstützung von Fachleuten kann die Chance auf eine spätere Schwangerschaft verbessert werden. Die Diagnose Brustkrebs bedeutet nicht automatisch das Ende der Möglichkeit, in der Zukunft Kinder zu bekommen. Spannend zu wissen: Es läuft bis 2028 eine Studie, inwieweit ein zweijähriges Pausieren der Tamoxifeneinnahme wegen Schwangerschaft das Rezidivrisiko erhöht. Im Ärzteblatt 12/22 („Pregnancy Outcome and Safety of Interrupting Therapy for Women with Endocrine Responsive Breast Cancer") wird berichtet, dass es keine Anzeichen auf ein erhöhtes Rezidivrisiko gibt. Dies ist ein erstes Zwischenergebnis – die langfristige Auswirkung wird man erst am Ende der Studie beurteilen können.

Teil 2

Herausforderungen meistern

Zwischen Schweigen und Offenheit: Gespräche über Brustkrebs und ihre Facetten

Gabriele Schwede: Ein Blick ins Innere

Erinnerst du dich, ich konnte den Satz: „Es ist Brustkrebs", erst gar nicht aussprechen. Mein persönlichen Hauptgrund war, dass ich es doch selbst noch nicht begriffen hatte und die Fragen und Reaktionen Außenstehender hätten mich massiv überfordert.

Ich habe die Situation so gelöst, dass ich meinen Mann zum Außenminister ernannt habe. Viele Telefonate hat er in der Zeit der Brustkrebstherapie für mich geführt. Das passte ganz gut, weil er sowieso viel unbefangener kommuniziert und deutlich lieber telefoniert als ich.

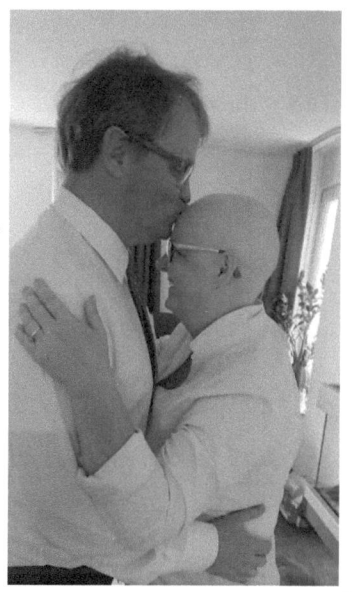

Ich bin so dankbar für die vielen kleinen und großen Aufgaben des Alltags, die er mir abgenommen hat.

Danke Willem, für deine Unterstützung und dein stabiles Stehen an meiner Seite.

Eine große Herausforderung für mich war das Gespräch mit Sebastian, meinem erwachsenen Sohn. Ich wusste, dass er sich Sorgen machen würde. Berechtigte Sorgen, die ich ihm nicht nehmen konnte. Sorgen, die ich doch auch selbst hatte. Fragen würden im Raum stehen, die man gar nicht aussprechen mag, auf die es zu dem Zeitpunkt auch keine eindeutigen Antworten gab. Und doch stellte er mir eine entscheidende und richtungsweisende Frage: „Wirst du alle Therapien machen, die dir empfohlen werden?" „Ja, das werde ich."

Insgesamt ist das Sprechen über Brustkrebs eine komplexe und emotionale Angelegenheit, die für viele Frauen eine große Herausforderung darstellt. Es erfordert Mut, zeigt Verletzlichkeit und fordert die Bereitschaft, sich mit den eigenen Gefühlen und der Realität der Erkrankung auseinanderzusetzen.

Ich glaube, wir alle haben schon Aussagen gehört, die gut gemeint sind, die Mut machen sollen, uns aber eher irritieren oder sogar verärgern.

„Du musst kämpfen."

„Du musst positiv bleiben."

„Alles wird gut."

„Es sind ja nur Haare, die wachsen wieder."

Kämpfen kann ich - das habe ich im Laufe meines Lebens oft bewiesen. Ich gehe Auseinandersetzungen nicht aus dem Weg. Ich setze mich für andere und für mich ein. Ich kann gegen den Strom schwimmen, wenn es meine Überzeugung ist.

Aber bitte, was heißt „du musst kämpfen" im Zusammenhang mit Krebs?

Natürlich sind alle Sprüche und Ratschläge als Ermutigung gemeint, gerade in einem Augenblick, in dem die Gefahr, allen Mut zu verlieren, besonders groß ist und die Therapien meistens erst beginnen. Krebs und Kampf scheinen sprachlich und gedanklich zusammenzugehören wie Angriff und Verteidigung.

Ich mache alle medizinisch vorgeschlagenen Therapien - nicht alle klaglos, aber alle aus Überzeugung. Das ist aber auch schon alles, was ich tun kann, plus abwarten und hoffen. Darüber hinaus habe ich nicht wirklich Einfluss auf den Verlauf der Krankheit. Ich spüre deutlich, wie machtlos ich bin.

Der Satz „du musst kämpfen" impliziert auch, dass ein Sieg erwartet wird. Ist dieser Satz nicht auch eine Ohrfeige an alle Frauen, die an Krebs sterben? Heißt das, sie haben nicht genug gekämpft, sich nicht genug angestrengt? Sie hat den Kampf gegen den Krebs verloren. Nein, sie hat alles getan.

Auch wenn es verführerisch ist, zu glauben, dass Optimismus, Lebenswille, Mut und Hoffnung erfolgreiche Waffen im Kampf gegen den Krebs sein könnten, sind sie es nicht. Emotionale Unterstützung und eine positive Einstellung erleichtern deutlich den Umgang mit der Krankheit und schützen vor Mutlosigkeit und Depressionen während der Krebserkrankung, aber es gibt keine wissenschaftlichen Belege, dass Einstellungen Einfluss auf den Verlauf der Krankheit selbst haben. Die Vorstellung, dass wir Krankheit und Tod durch unseren Geist kontrollieren können, spiegelt eine tiefe menschliche Sehnsucht wider. Aber es stimmt einfach nicht.

Vielleicht soll in der Aufforderung zum Kampf Trost stecken? Aber steckt nicht auch Trost in dem Gedanken, an der Krankheit und ihrem Verlauf keine Schuld zu tragen, und am eigenen Tod schon gar nicht? Gegen den Krebs zu kämpfen – das muss in erster Linie eine Forderung an die medizinische Forschung sein. Unser Dazutun kann nur sein, alle empfohlenen Therapien zu nutzen und es als Krankheit, die unser Leben und das unserer Familie verändert, zu akzeptieren, uns auf die Veränderungen einzulassen und uns neu zu organisieren und zu orientieren. Brustkrebs ist eine Herausforderung für die Psyche und den Körper. Auf Vieles haben wir keinen Einfluss und doch sind wir der Krankheit nicht hilflos ausgeliefert.

Die Macht der Worte

Für viele Frauen wird die Realität ihrer Erkrankung erst dann greifbar, wenn sie es aussprechen. Das Aussprechen der Diagnose macht sie zu einem unumstößlichen Fakt, der vieles im Leben in unglaublicher Geschwindigkeit verändert - unaufhaltsam, und ohne, dass man Einfluss auf diese Veränderungen hat. Es ist, als ob man durch das Aussprechen die Kontrolle über die Situation verliert. Das ist beängstigend. Das heißt nicht, dass man die Diagnose ignoriert oder verdrängt. Es heißt eher, dass die eigene Schutzmauer sich in Windeseile aufgebaut hat und nun stabil steht und uns abschirmt. Sie bröckelt erst ganz langsam und lässt die Auswirkung der Diagnose ins Bewusstsein gelangen.

Fragen beantworten, ohne die Antworten zu kennen

Eine weitere Hürde, über die Diagnose zu sprechen, sind die Fragen, die von Freunden und Angehörigen gestellt werden. Oft sind es gut gemeinte Fragen, die jedoch die Brustkrebs-patientin mit Unsicherheit und Angst konfrontieren. Fragen wie "Wirst du wieder gesund?" oder "Was wird jetzt gemacht?" können überwältigend sein, besonders wenn man selbst noch keine klaren Antworten darauf hat. Es ist schwierig, über etwas zu sprechen, das so persönlich ist und über das man sich selbst noch nicht im Klaren ist.

Deine Bestürzung raubt meine Kraft

Ein weiterer Grund, warum es schwerfällt, mit Freunden über Brustkrebs zu reden, ist die Angst vor den Reaktionen und Gefühlen anderer. Die Vorstellung, dass Freunde besorgt, traurig oder ängstlich werden könnten, wenn sie von der Diagnose erfahren, kann für uns Betroffene unerträglich sein. Die eigenen Ängste und Sorgen geraten aus dem Fokus und man versucht sein Gegenüber in deren Betroffenheit zu beruhigen und zu trösten. Das überfordert.

Der Schatten der Stigmatisierung

In meiner Arbeit mit Brustkrebspatientinnen stelle ich immer wieder fest, dass für viele Frauen die Erkrankung Brustkrebs mit Stigmatisierung und Vorurteilen verbunden ist. Einige Frauen fürchten, dass sie anders behandelt oder sogar gemieden werden könnten, wenn sie ihre Diagnose offenlegen. Sie befürchten, dass ihre Identität auf die Krankheit reduziert wird und sie nicht mehr als die Person gesehen werden, die sie wirklich sind. Diese Angst vor sozialer Ausgrenzung kann dazu führen, dass sie sich zurückziehen und ihre Erkrankung lieber geheim halten. Eine bekannte Person, die so reagiert hat, war Hannelore Elsner. Sie war als emanzipierte, taffe Frau bekannt. Und dennoch heißt es, habe sie ihre Brustkrebserkrankung geheim gehalten, weil sie Sorge hatte, keine Filmrollen mehr zu bekommen.

Das Bild einer Frau

Für viele Frauen ist ihre Brust ein Symbol für Weiblichkeit und Attraktivität, ebenso wie ihre Haare. Die Vorstellung, dass sie möglicherweise eine Brust oder beide durch die Behandlung verlieren könnten, kann zu einem beeinträchtigten Selbstwertgefühl führen. Diese Gefühle können es schwierig machen, offen über die Diagnose zu sprechen.

Schutz der Privatsphäre und Autonomie

Einige Brustkrebspatientinnen empfinden das Thema ihrer Gesundheit als sehr persönlich und möchten ihre Privatsphäre wahren. Sie möchten selbst entscheiden, wem sie von ihrer Diagnose erzählen und wann sie es tun. Die Offenlegung ihrer Erkrankung kann das Gefühl von Verletzlichkeit verstärken, was dazu führen kann, dass sie das Thema lieber für sich behalten. Hier muss jede Frau ihren eigenen Umgang mit der Situation finden. Es gibt kein richtig oder falsch.

Was man auf den ersten Blick nicht sieht: Das Dilemma beim Teilen der Gefühle

Beim Reden über die Diagnose begegnet man Bestürzung… und ebenso schnell folgen guten Ratschlägen: „... du musst jetzt...“

Für manche Frauen, die gerade mit der alles verändernden Diagnose Brustkrebs konfrontiert wurden, wird das Reden über die Diagnose, über ihre Erfahrungen und das Zeigen der Gefühle zu einem Balanceakt. Einige Frauen machen durchaus ernüchternde und enttäuschende Erfahrungen, wenn sie mit anderen über die Diagnose sprechen.

Es birgt die Gefahr, auf Unverständnis, Bagatellisierung oder mangelnde Empathie zu stoßen. Das ist nichts, was du jetzt erleben möchtest. Statt Geborgenheit und Verständnis zu spüren, kann sich das schmerzhafte Gefühl, niemand versteht mich, ausbreiten.

Vielleicht ist es wirklich so. Vielleicht hätten ich und du ähnlich reagiert, wenn eine Freundin uns ihre Diagnose mitgeteilt hätte.

Vielleicht ist die Situation für Nicht-Betroffene gar nicht nachvollziehbar. Das hat nichts mit mangelnder Empathie zu tun. Vielleicht sind alle anderen mit der Diagnose und den Folgen ebenso überfordert wie du selbst.

Auch wenn der guten Wille hinter mancher Reaktion gut zu erkennen ist, kann sich dennoch das Gefühl breit machen, unverstanden und allein zu sein.

Es ist unsagbar wichtig und hilfreich, seine Gedanken, Erfahrungen und Emotionen zu teilen. Reden ist ein Teil der Bewältigung.

Es gibt eine Lösung: Sprich mit anderen Betroffenen!!!... und nimm psychoonkologische Unterstützung in Anspruch. Du bist nicht alleine und musst da auch nicht alleine durch!

Ungefragte Ratschläge

"Mach bloß keine Chemo – iss Himbeeren und überdenke deine Lebensweise und deine Einstellung."

...wenn du solche Sätze hörst, solltest du nicht die Therapie sondern vielleicht die Freundschaft überdenken.

...jetzt sprießen die Expertinnen mit ihrem Halbwissen aus dem Boden und gute Ratschläge prasseln auf dich ein. Hier greift ganz sicher der Spruch - gut gemeint ist nicht immer gut gemacht.

Unterschiedliche Erfahrungen:

Ein Hauptgrund dafür, dass viele Ratschläge nicht hilfreich sind, liegt darin, dass die Situation jeder Frau einzigartig ist. Was bei einer Person funktioniert hat oder als angemessen empfunden wurde, muss nicht unbedingt auf andere zutreffen. Die Vielfalt der individuellen Erfahrungen mit der Krankheit und den Behandlungen macht es schwer, universell gültige Ratschläge zu geben.

Mangelnde Empathie:

Oft fehlt es den Ratgebenden, aus Mangel an eigenen Erfahrungen mit diesem Thema, an einem tiefen Verständnis für die emotionalen Herausforderungen, mit denen Brustkrebs-patientinnen konfrontiert sind.
Gut gemeinte Ratschläge können daher als oberflächlich oder unangemessen empfunden werden,

da sie nicht auf die individuellen Bedürfnisse und Gefühle der betroffenen Person eingehen.

Verharmlosung der Situation:

Viele Ratschläge kommen möglicherweise aus dem Wunsch heraus, Trost zu spenden oder Optimismus zu verbreiten. Allerdings können Aussagen wie "Alles wird gut" oder "Du schaffst das schon" die Ernsthaftigkeit der Erkrankung verharmlosen und die tatsächlichen Ängste und Sorgen ignorieren.

Schuldzuweisungen:

Manche Ratschläge können Schuldzuweisungen beinhalten, indem sie beispielsweise fragen, ob die Lebensweise der betroffenen Person zur Erkrankung beigetragen hat. Solche Kommentare können die ohnehin schon belastende Situation weiter erschweren.

Druck und Erwartungen:

Ratschläge, die von anderen erfolgreichen Behandlungen berichten oder dazu ermutigen, bestimmte Maßnahmen zu ergreifen, können bei Brustkrebspatientinnen zusätzlichen Druck erzeugen. Sie können das Gefühl haben, den Erwartungen anderer gerecht werden zu müssen, was zusätzlichen Stress verursacht und ihre Autonomie beeinträchtigt.

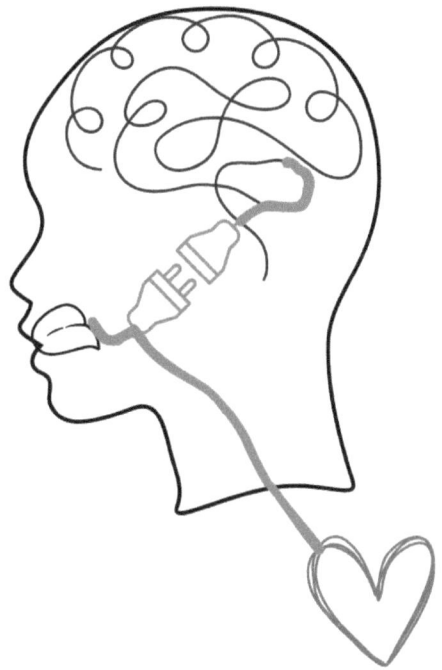

Immer erst prüfen,
ob alles verbunden ist

Gut gemeint und doch verletzend

Alle Brustkrebspatientinnen kennen sie, die gut gemeinten Worte, die motivieren und ermutigen sollen, die aber dennoch so gar nicht hilfreich sind. So wurde auch ich mit unterstützenden Tipps bombardiert.

"Denk positiv, dann wirst du schon wieder gesund."

"Hast du es vielleicht durch deine Lebensweise selbst verursacht?"

"Ich kenne mehrere, die sind daran gestorben. Hoffentlich schaffst du es."

"Brustkrebs ist Krebs light. Das hat ja fast jede."

"Es gibt doch schon so viele Behandlungsmöglichkeiten, mach dir nicht so viele Sorgen."

"Shit happens - ich hatte auch Krebs - der war gutartig und musste gar nicht groß behandelt werden."

"Du siehst aber doch gar nicht krank aus. Bist du sicher, dass die Diagnose stimmt?"

"Brustkrebs ist nicht schlimm – sieh es als Auszeit."

"Hast du einen ungelösten Konflikt mit deiner Mutter?"

"Willst du jetzt dein Leben lang Angst haben?"

"Was machst du denn den ganzen Tag? Wie nutzt du die ganze Freizeit?"

"Das ist eine große Chance."

"Das Ergebnis der Untersuchung erhalten sie Montag. Dann genießen sie jetzt mal noch das Wochenende."

"Ich kenne wen, die hat das mit einer Saftkur wegbekommen."

Eine Bemerkung, die besonders treffen kann:

„Du siehst gar nicht krank aus.“
Wie sehen kranke Menschen denn aus?

Was du nicht siehst:
- Schmerzen
- Übelkeit
- Verdauungsprobleme
- Geschmacksverlust
- Ängste
- Sorgen
- Finanzielle Sorgen
- Innere Leere
- Verzweiflung
- Schlafprobleme
- Müdigkeit
- Hitzewallungen
- Unsicherheit
- Anspannung
- Angst vor Jobverlust

Empathie statt Floskeln

Es sollen aber auch nicht all die Sätze unerwähnt bleiben, die einfach gut tun. Sätze, die darauf ausgerichtet sind, Unterstützung, Verständnis und Ermutigung auszudrücken und das Gefühl geben, gesehen zu werden und nicht alleine zu sein. Zu spüren, dass die Situation sowie die Gefühle und Bedürfnisse ernst genommen werden.

"Ich bin für dich da, egal wie du dich fühlst."

"Es ist okay, wenn du Angst oder Traurigkeit empfindest. Das ist ganz normal."

"Möchtest du über deine Gefühle oder Sorgen sprechen? Ich bin hier und höre dir zu."

"Wie kann ich dir am besten helfen?"

„Lass uns gemeinsam einen Weg finden, mit dieser Herausforderung umzugehen."

"Ich weiß jetzt gar nicht, was ich sagen soll. ... Wie kann ich dich denn jetzt am besten unterstützen?"

"Ich möchte dir zeigen, dass ich an deiner Seite stehe. Sag mir was du jetzt möchtest und auch, was nicht."

"Ich bin beeindruckt von deiner Offenheit und deinem Mut, über deine Erkrankung zu sprechen."

"Es ist okay, wenn du schlechte Tage hast. Ich bin hier, um dich aufzumuntern oder einfach nur zuzuhören, wenn du das möchtest."

"Wir werden gemeinsam durch diese schwierige Zeit gehen. Du bist nicht allein, und ich werde für dich da sein."

"Deine Diagnose macht auch mir Angst. - Ich kann mir gar nicht vorstellen, wie es dir geht."

Liebe Familie und Freunde, bietet aktiv Hilfe an, z.B. kochen, zu Arztterminen fahren oder auch begleiten, wenn gewünscht, im Haushalt unterstützen, einkaufen, Papierkram erledigen, auf das Kind aufpassen ...!
Als Brustkrebspatientin ist man wirklich für jegliche Hilfe dankbar.
Es ist gar nicht so einfach, sich selber einzugestehen, dass ich jetzt Hilfe benötigt und noch schwieriger ist es, um diese Hilfe zu bitten.

Es macht einen großen Unterschied, wirklich für jemanden da zu sein, oder es nur zu sagen.

Resilienz: Vertraue deiner Fähigkeit, Krisen zu bewältigen

Krank oder gesund? Das Salutogenese-Prinzip

Du hast erfahren, dass du sehr krank bist, fühlst dich aber gesund. Beides stimmt. Du bist nicht nur krank.

Das Salutogenese-Prinzip wurde von Aaron Antonovsky, einem Medizinsoziologen und Stressforscher, entwickelt.

Es zielt darauf ab, Gesundheit zu verstehen und zu fördern. Anstatt sich ausschließlich auf die Ursachen von Krankheiten zu konzentrieren, findet bei dieser Sichtweise die Gesundheitsförderung und Gesundheitserhaltung große Beachtung.

Für Brustkrebspatientinnen kann das Salutogenese-Prinzip somit bedeuten, sich nicht ausschließlich auf die Krankheit und die damit verbundenen Herausforderungen zu konzentrieren, sondern auch darauf, ihre Ressourcen zu mobilisieren, um mit der Krankheit umzugehen.

Das Kohärenzgefühl ist ein zentraler Begriff in der Salutogenese. Es beschreibt die generelle Tendenz, Anforderungen des Lebens als verstehbar, bewältigbar und sinnhaft zu empfinden und widerstandsfähig gegen Stress zu sein.

Die Verstehbarkeit bei Brustkrebs bezieht sich darauf, wie gut eine Patientin ihre Diagnose, Behandlungsoptionen und den Krankheitsverlauf versteht. Ein klares Verständnis der eigenen

Situation hilft, Ängste zu reduzieren, unterstützt bei Entscheidungen und fördert ein Gefühl der Kontrolle.

Die Bewältigbarkeit bedeutet, dass eine Brustkrebspatientin überzeugt ist, dass sie die Ressourcen und Fähigkeiten hat, um mit den Anforderungen ihrer Behandlung und des Krankheitsverlaufs umzugehen. Dies umfasst die Fähigkeit, Probleme anzugehen, Strategien zur Bewältigung von Stress zu entwickeln und Unterstützung zu suchen, wenn nötig.

Sinnhaftigkeit bezieht sich darauf, dass eine Brustkrebspatientin einen Sinn in ihrem Leben trotz der Krankheit findet.

Achtung! **Bitte nicht verwechseln mit dem schrägen, esoterischen Blick, einen Sinn in der Krankheit zu sehen. Die Krankheit hat keinen Sinn und man braucht sie für nichts.**

Resilienz

*Versuche nicht,
dich den Wellen
des Lebens
entgegenzustellen, in
der Hoffnung, sie zu
stoppen. Lerne, auf
ihnen zu surfen.*

Die Diagnose Brustkrebs ist ein einschneidendes Ereignis und steckt voller Unsicherheit, Ängsten und Veränderungen. In solchen Momenten ist es normal, Stress und Überforderung zu fühlen.

Doch du hast eine wichtige Eigenschaft, die dir helfen wird, diese Herausforderung zu meistern - deine Resilienz.

Resilienz ist deine Fähigkeit, trotz widriger Umstände Schwierigkeiten, Krisen und Rückschläge zu meistern und in deine alte Kraft zurückzufinden. Und das kannst du, das hast du schon zigfach bewiesen.

Jeder Lebensweg ist voller kleiner und großer Krisen. Und auch du hast die Fähigkeit, sie zu meistern. Vielleicht nicht auf Anhieb, vielleicht war es schmerzhaft, vielleicht würdest du es heute anders angehen. Egal! Du hast sie gemeistert … auch, obgleich es dir fast unmöglich schien, als diese Krise akut war.

Denk zum Beispiel mal zurück an deinen ersten Liebeskummer. Wenn du ihn als Teenager durchlebt hast, warst du dir vermutlich sicher, dich nie nie nie wieder verlieben zu können. Dieser Schmerz schien dir nicht aushaltbar.

Nein, nicht lächeln – weil du es heute besser weißt. Dieser Schmerz damals war echt und intensiv und stellte dich vor eine Situation, auf die du keinen Einfluss hattest und die du so nicht wolltest. Du warst verzweifelt und hattest hoffentlich Eltern und Freundinnen, die dich in deinem Schmerz ernst genommen haben. Vielleicht hattest du das Gefühl von Liebeskummer erst später, als eine Beziehung oder Ehe zu Ende ging und du es so gern anders gehabt hättest. Damit bist du anders umgegangen als zu Teenagerzeiten, dennoch war der Schmerz groß. Inzwischen weißt du, dass dich der Schmerz eine Zeitlang am „normalen" Leben hindert, vermutlich auch Narben hinterlässt, aber du weißt auch, dass du es überstehst, was du dir als Teenager so gar nicht vorstellen konntest.

Du hast erfahren, dass du die Fähigkeit hast, Krisen zu bewältigen. Das sind zum einen Lebenserfahrungen und zum anderen deine Resilienzfähigkeit.

Resilienz

Vertraue deiner Fähigkeit,
Krisen zu bewältigen

Die Diagnose Brustkrebs zählt nun leider zu den größeren Krisen deines Lebens. Dein psychisches Immunsystem, deine Resilienz, wird massiv angegriffen.

Diese Diagnose hat all deine Lebensbereiche heftig und ohne lange Vorwarnung ins Straucheln gebracht. Jetzt heißt es, unter dieser Belastung psychisch möglichst stabil zu bleiben und sich von den Auswirkungen zu erholen. Nimm dir hierzu Zeit.

> ➤ Du hast die Fähigkeit in dir, dich wieder aufzurichten.
> ➤ Schau auch auf dich.

Wenn du magst, beantworte die folgenden Fragen ganz persönlich und nur für dich.

- ➢ Frage dich, was dir hilft, um dich wieder aufzurichten?
- ➢ Was kannst du aus früheren Erfahrungen für heute lernen?
- ➢ Wodurch hast du Krisen in der Vergangenheit gemeistert?
- ➢ Was oder wer kann dich dabei unterstützen?
- ➢ Welche wichtigen Menschen gibt es in deinem Leben?
- ➢ Wer ist für dich da?
- ➢ Was ist auch weiterhin stabil in deinem Leben?
- ➢ Was kannst du besonders gut?
- ➢ Was machst du besonders gerne?
- ➢ Worauf kannst du dich verlassen?
- ➢ Was gibt dir Kraft im Leben (Natur, Bewegung, Musik, Hobby, Familie, Freunde)?
- ➢ Wann bist du zufrieden?
- ➢ Welchen Ausgang aus dieser Situation wünschst du dir und wie ist es zu erreichen?

In der Psychologie spricht man von den 7 Säulen der Resilienz:

1.Säule der Resilienz → Realistischer Optimismus
„Jetzt ist es schwer, aber es wird besser."

Realistischer Optimismus bedeutet, positive Erwartungen zu haben, aber gleichzeitig auch die Realität anzuerkennen. Menschen, den es gelingt realistisch optimistisch zu sein, sehen Herausforderungen als vorübergehend und überwindbar an. Diese Einstellung kann helfen, trotz Schwierigkeiten Hoffnung zu bewahren und konstruktive Bewältigungsstrategien zu entwickeln. Positiver Optimismus ist nicht das Schauen durch die rosarote Brille oder das Schönreden von Situationen. Es ist die Fähigkeit, auch in schwierigen Situationen die vielen positiven Dinge des Alltags wahrzunehmen.

Übung: Der Erbsentrick

Drei gute Dinge pro Tag: Stecke dir morgens drei Erbsen in die linke Hosentasche. Bei jedem schönen Moment am Tag nimmst du eine Erbse aus der linken Hosentasche und steckst sie in die rechte Hosentasche. Abends greifst du in beide Hosentaschen und machst dir nochmals bewusst, in welcher Situation du die Erbse von links nach rechts getan hast. Du kannst deinen Blick auf Momente, in denen etwas richtig gut lief oder du etwas Positives erlebt oder wahrgenommen hast, intensivieren und konservieren, indem du sie in ein Notizbuch schreibst.

Kein Tag ist nur schlecht. Durch das bewusste Erkennen und Aufzeichnen positiver Erfahrungen förderst du einen optimistischen Blick auf das Leben, auch in schwierigen Zeiten.

2. Säule der Resilienz → Akzeptanz
„Es ist, wie es ist."

du hast die Diagnose Krebs erhalten. Das lässt sich durch nichts ändern. Darauf kannst du keinen Einfluss nehmen. Auch die zermürbende Frage nach dem „WARUM" oder was du in der Vergangenheit hättest anders machen können, ändert nichts.

Menschen mit resilienten Eigenschaften akzeptieren, dass es im Leben immer wieder Rückschläge, Enttäuschungen und Stolpersteine gibt. Doch statt sinnlose Kämpfe zu führen, wird die Energie darauf verwendet, die Herausforderungen zu bewältigen. Es gelingt ihnen, sich zu akzeptieren, wie sie sind. Sie sehen und akzeptieren ihre Schwächen und auch ihre Fähigkeiten.

Übung: Mehr Akzeptanz

Was belastet dich gerade? Hast du Einfluss auf die Sache? Nein? Dann schreibe folgenden Satz auf einen Zettel: „Das ist jetzt so. Ich kann es nicht ändern." Lies ihn immer wieder und präge ihn dir gut ein.

Übung: **Achtsames Atmen**

Setze dich an einen ruhigen Ort und konzentriere dich auf deine Atmung. Atme tief ein und aus und sage dabei: „Ich akzeptiere, was ist." Lass die Gedanken und Emotionen kommen und gehen, ohne sie zu bewerten oder zu beurteilen.
Diese Übung hilft, die Gegenwart ohne Widerstand anzunehmen und innere Ruhe zu finden.

3. Säule der Resilienz → Lösungsorientierung
„Was kann getan werden, damit ich wieder gesund werde?"

Statt sich auf das Problem zu konzentrieren, hilft es, aktiv nach Lösungen zu suchen, denn sei davon überzeugt, es gibt immer eine Lösung, auch wenn sie nicht immer sogleich erkennbar ist. Habe den festen Willen, dich den Problemen, die sich in jeder Gehirnwindung festbeißen, aktiv entgegenzutreten.

Grübeln nicht und verschwende keine Energie damit, Probleme zu analysieren, sondern wende dich einer möglichen Lösung zu. Dabei lässt du kreativen Gedankengängen freien Lauf.

Für Brustkrebspatientinnen heißt das, nach Wegen zu suchen, die Behandlung zu optimieren und ihre Lebensqualität zu verbessern. Dies hilft, das Gefühl der Kontrolle über die Situation zurückzugewinnen.

Übung: **Die Problemschleife verlassen und sich auf die Lösungsmöglichkeiten fokussieren**
Benenne klar und deutlich ein konkretes Problem, mit dem du gerade konfrontiert bist. Schreibe es

auf. Z.B.: Das Krankengeld reicht nicht aus, um alle Kosten zu decken und mir zusätzlich etwas Schönes zu gönnen.

Brainstorming: Sammle vielfältige Lösungsmöglichkeiten, ob realistisch oder nicht. Erstelle eine Liste von mindestens fünf potenziellen Lösungen für das Problem. Sei kreativ und denke auch über unkonventionelle Lösungen nach. Lasse dabei jede Selbstkritik beiseite und erlaube dir, alle Ideen festzuhalten, die dir einfallen.

Zum Beispiel:

- Ich habe einen Notgroschen für schlechte Zeiten. Jetzt sind schlechte Zeiten.
- Ich verzichte auf den Fensterputzer, mache es aber auch nicht selbst. Die bleiben jetzt ein halbes Jahr so.
- Ich lasse das Abo vom Fitnesscenter ruhen.
- Ich verkaufe alte Sachen, die ich wirklich nicht mehr brauche, bei Ebay.
- Ich verhandele mit der Bank um einen höheren Dispo.

Bewertung: Gehe die Liste der Lösungsideen durch und bewerte jede. Betrachte die Vor- und Nachteile. Überlege auch, ob und wie die Lösung umgesetzt werden kann und welche Auswirkungen sie haben könnte.

Auswahl einer Lösung: Nachdem du die verschiedenen Lösungsmöglichkeiten bewertet hast, wähle eine aus, die am vielversprechendsten erscheint. Berücksichtige dabei deine persönlichen Präferenzen, die Ressourcen, die für die Umsetzung erforderlich sind, und die potenziellen Ergebnisse.

Entwicklung eines Aktionsplans: Erstelle einen konkreten Aktionsplan, um die ausgewählte Lösung umzusetzen. (Wann mache ich es – was muss ich vorbereiten...) Setze klare Ziele und definiere die Schritte, die du unternehmen musst, um das Problem zu lösen. Berücksichtige dabei auch mögliche Hindernisse.

Umsetzung und Überprüfung: Mach es! Sei flexibel und bereit, wenn nötig Anpassungen vorzunehmen.

4. Säule der Resilienz → Selbstwirksamkeit
„Wenn ich etwas tue, dann passiert auch etwas."

Selbstwirksamkeit ist das Bewusstsein, dass du handeln kannst und dass dieses Handeln sich auf die Situation auswirkt. Es ist das Wissen und die Überzeugung, dass man selbst dazu in der Lage ist, aktiv Einfluss auf die Verbesserung der Situation zu nehmen und dass man diese Möglichkeit auch wahrnimmt. Du bist kein Opfer, denn du bist nicht hilflos!

Menschen mit resilienten Eigenschaften sind davon überzeugt, dass sie Herausforderungen erfolgreich bewältigen und Ziele erreichen können.
„Ich schaffe das".

Setze dir realistische Ziele und arbeite schrittweise darauf hin, in kleinen Schritten.

Jeden Tag
ein
kleiner Schritt

PS: Und du hast noch ein **Plus in der Tasche.**
Das gute Gesundheitssystem. Wissenschaft und
Forschung haben in den letzten Jahren riesige
Fortschritte gemacht.

Übung: **Stärken erkennen**
Mach dir eine Liste mit deinen persönlichen
Stärken. Markiere diejenigen Stärken, die in
deiner jetzigen Situation hilfreich sind.

Übung: **Ich bin kein Opfer der Situation**
Mache dir bewusst, wann und warum du dich als
Opfer fühlst! Was ist ein erster Schritt, um
deine passive Rolle zu verlassen? Schaue darauf,
was dir in deinem bisherigen Leben bei der
Bewältigung schwerer Lebenssituationen geholfen
hat. Worauf kannst du auch jetzt bei deiner
Brustkrebserkrankung zurückgreifen? Tu es!

5. Säule der Resilienz → Verantwortung übernehmen

„Wenn es ansteht, Entscheidungen zu treffen, dann treffe ich sie."

Verantwortung zu übernehmen bedeutet, sich selbst als aktiven Gestalter des eigenen Lebens zu sehen, immer, auch jetzt als Brustkrebspatientin. Ärzte werden dir einen Behandlungsplan empfehlen, der durch Studien belegt ist und die bestmögliche Chance auf Heilung verspricht.

Es bleibt dennoch deine Aufgabe, dich zu informieren und aktiv an diesem Behandlungsplan mitzuarbeiten, denn es geht um den bestmöglichen Weg für DICH und DEINE Gesundheit.

Stelle all deine Fragen; auch die Frage, die Frage nach Alternativen (zum Beispiel: Mastektomie – Vor- und Nachteile? Ohne Brust weiterleben? Wiederaufbau mit Silikon oder Eigengewebe?).

Die Therapie muss zu dir passen. Der richtige Weg wird auf dich und deine Bedürfnisse zugeschnitten.

Nicht dein Ärzteteam entscheidet, sondern du. Übernimm die Verantwortung für dein Leben und dein Wohlbefinden. Sag nicht, meine Ärztinnen und Ärzte werden schon alles machen. Ja, das steht außer Frage, das tun sie. Doch auch du musst selbst aktiv werden, denn es geht um dich und die Behandlung muss zu dir und deinen Bedürfnissen passen. Entscheidungen kann man treffen, wenn einem alle Optionen bekannt sind. Und manchmal darf man auch einfach sein Bauchgefühl mitreden lassen.

Achtung! Lege einen Zeitpunkt fest, wann du deine Entscheidung triffst. Verliere dich nicht in der Informationsbeschaffung und dem Abwägen von Vor- und Nachteilen.

Mach es konkret. Als Beispiel: Ich sammel eine Woche alle Informationen, die ich kriegen kann. Ich wäge in der folgenden Woche alles ab und lasse es sacken. Ergebnis: Montag in zwei Wochen steht meine Entscheidung.

Übung: **Verantwortung für dein Wohlbefinden**
Plane täglich eine feste Zeit für Selbstfürsorge ein. Dies kann eine gesunde Mahlzeit, Bewegung, Entspannungstechniken oder Zeit für Hobbys und Freunde beinhalten. Es kann auch einfach Nichtstun sein. Indem du aktiv dich um dein körperliches und emotionales Wohlbefinden kümmerst, übernimmst du Verantwortung für deine Gesundheit und dein Wohlergehen. Verantwortung für sein Wohlergehen zu übernehmen, kann übrigens durchaus bedeuten, manche Dinge von anderen erledigen zu lassen... lass sie für dich bügeln, mit dem Hund raus gehen....

Übung: **Entscheidungen treffen – abwägen - dafür oder dagegen**
Erstelle eine Liste mit Vor- und Nachteilen. Teile hierfür ein Blatt Papier in zwei Spalten auf. Schreibe auf der linken Seite alle Argumente für eine bestimmte Entscheidung auf und auf der rechten Seite alle Gegenargumente. Nachdem du alle Punkte aufgeschrieben hast, <u>bewerte</u> sie. Was ist für dich persönlich ein wichtiges Argument?

6. Säule der Resilienz → Bindungen
„Da musst ich nicht alleine durch. Ich habe Menschen, die an meiner Seite stehen"

Soziale Bindungen spielen eine essenzielle Rolle dabei, sich geborgen und sicher zu fühlen. Sie sind der Grundstein für vertrauensvolle, gesunde Beziehungen im Erwachsenenalter, die wiederum ein gutes Unterstützungsnetzwerk ermöglichen.

Emotionale Unterstützung: Bindungen bieten emotionale Unterstützung in verschiedenen Lebensbereichen. Sie ermöglichen es uns, uns geliebt, akzeptiert und verstanden zu fühlen, was unser emotionales Wohlbefinden fördert und uns hilft, mit Stress und Herausforderungen umzugehen.

Ein **Achtung,** besonders für Frauen ohne feste Partnerschaft: „Soziale Bindung" ist nicht gleichzusetzen mit, „in einer festen Beziehung lebend". Es geht um all die Menschen in deinem Leben, denen du nahe stehst und die dir nahe stehen

Identitätsbildung: Soziale Bindungen spielen eine wichtige Rolle bei der Identitätsbildung. Durch unsere Interaktionen mit anderen definieren wir uns selbst und entwickeln ein Verständnis dafür, wer wir sind. Freunde und Freundinnen, Familie, Zugehörigkeit zu einer Gruppe, Gemeinschaft... beeinflussen unsere Werte, Überzeugungen und Verhaltensweisen.

Kognitive Entwicklung: Bindungen fördern auch unsere kognitive Entwicklung. Durch den Austausch von Ideen, Meinungen und Erfahrungen mit anderen erweitern wir unseren Horizont, verbessern unsere Problemlösungsfähigkeiten und lernen neue Dinge.

Gesundheit und Wohlbefinden: Zahlreiche Studien haben gezeigt, dass starke soziale Bindungen mit einer besseren Gesundheit und einem höheren Wohlbefinden verbunden sind. Menschen mit unterstützenden sozialen Netzwerken haben tendenziell ein geringeres Risiko für psychische Probleme wie Depressionen und Angstzustände sowie für körperliche Erkrankungen wie Herzkrankheiten.

Lebenszufriedenheit: Bindungen tragen wesentlich zur Lebenszufriedenheit bei. Die Qualität unserer Beziehungen zu anderen Menschen ist ein wichtiger Faktor dafür, wie glücklich wir uns fühlen. Eine unterstützende und befriedigende soziale Umgebung kann dazu beitragen, ein erfülltes Leben zu führen.

Unterstützung: Dein soziales Netzwerk, bestehend aus Familie, Freunden und Freundinnen, medizinischem Personal, Kollegen und Kolleginnen und anderen Unterstützenden, ist deine wertvollste Ressource, um in schwierigen Zeiten Halt zu finden. Soziale Unterstützung hat viele Facetten. Diese Unterstützung kann sowohl emotional als auch praktisch sein.

Hilfe anfragen und annehmen: Gar nicht so einfach. Immerhin bist du es gewohnt, deinen Alltag alleine zu meistern und kriegst es gut hin. So möchtest du es eigentlich auch weiter handhaben. Du wirst es auch wieder können, aber aktuell bist du in einer Ausnahmesituation. Es ist wichtig zu erkennen, dass es in Ordnung ist, um Hilfe zu bitten und Unterstützung anzunehmen. Deine Freunde und Familie möchten dir helfen. Ich gehe sogar so weit zu behaupten, dass sie dankbar sind, wenn du konkret sagst, was sie für dich tun können, was dich entlasten würde. Gerne übernehmen sie Aufgaben. Dies kann von Hilfe bei der Haushaltsführung über Kinderbetreuung bis hin zur Begleitung zu Arztterminen reichen. Mein Mann hat zum Beispiel alle Telefonate für mich übernommen – vom Informieren der Freunde bis zum Terminvereinbaren für Untersuchungen und Gespräche mit der Krankenkasse. Solche Unterstützung verringert die Belastung und hilft, sich auf die Genesung zu konzentrieren.

Gespräche führen: Teile deine Gedanken, Ängste und Sorgen mit deiner Familie und deinen Freundinnen. Offene und ehrliche Gespräche können eine therapeutische Wirkung haben und helfen, die Situation und damit verbundene Gefühle zu verarbeiten. Freundinnen und Familie können auch Perspektiven bieten, die helfen, die Situation aus verschiedenen Blickwinkeln zu betrachten. Die Regeln für diese Gespräche heißen: Anteilnahme ja, zuhören ja, Austausch ja, Ratschläge nein!

Versuche, die Regeln ganz offen zu kommunizieren oder mit deiner Haltung zu verdeutliche. Sag z.B. freundlich: „Danke für deinen Tipp. Aber ich weiß, was gut für mich ist."

Gemeinsame Aktivitäten: Verbringe Zeit mit den für dich wichtigen Menschen und unternehmt gemeinsame Aktivitäten, die Freude bereiten. Das kann ein Spaziergang im Park, ein Filmabend zu Hause oder einfach nur das Zusammensein sein. Diese Momente der Normalität und Verbundenheit können dazu beitragen, die emotionale Stimmung zu heben und die Resilienz zu stärken.

Die Internet-Community, Selbsthilfegruppen und professionelle Unterstützung: Neben dem persönlichen Netzwerk sind auch professionelle Unterstützungsangebote wie Psychotherapie, Selbsthilfegruppen oder Beratungsstellen wertvolle Ressourcen. Meine persönlichen Empfehlungen findest du im Anhang.

Wichtig! Austausch und Verständnis.

Andere Brustkrebspatientinnen sind eine gute Informationsquelle, dienen dem Erfahrungsaustausch und geben das wichtige Gefühl, nicht allein zu sein.

Beziehungen verändern sich

Häufig berichten Krebspatientinnen, dass niemand, der das nicht erlebt hat, die Auswirkungen der Erkrankung auf die Psyche verstehen kann. Das tut weh.

Achtung! Krebs ist ein Beschleuniger.

Beziehungen, die eh angeknackst waren, werden diese einschneidenden Situationen der Krebsdiagnose nicht überstehen ... und umgekehrt – mit Partnern und Freunden, die jetzt stabil an deiner Seite stehen, wirst du alle Hindernisse des Lebens meistern.

Krebs kann ein ganz festes, stabiles "Wir-Gefühl" erzeugen. Manchmal auch mit Überraschungsfaktor.

Übung: Unterstützer finden

Mache einen Plan: Unterteile ein Blatt in mehrere Abschnitte. Frage dich:

Wobei brauche ich Unterstützung? Notiere es und überprüfe und ergänze es regelmäßig.

Wem vertraue ich? Wen nehme ich in meinen Unterstützerpool auf?

Wer wäre bereit und in der Lage, mich zu unterstützen? Was könnten sie konkret für mich tun?

Von wem könnte ich Unterstützung annehmen?

Schau nochmals auf dein Umfeld mit der Frage:
**„Wer gibt mir Kraft und wer zieht mir Kraft ab?"
Habe den Mut, Kraftsauger zu meiden.**

7. Säule der Resilienz → Zukunftsorientierung
Einen Sinn im Leben zu sehen, hilft schwierige Zeiten zu überwinden.

Zukunftsorient denken bedeutet, einen positiven Blick auf die Zukunft zu haben.

„Ich möchte meine Kinder aufwachsen sehen." „Ich möchte reisen." Es ist wichtig zu wissen, <u>warum</u> DU die Strapazen der Brustkrebstherapie auf dich nimmst.

Das Vergangene ist vergangen und kommt in der gleichen Form nicht mehr zurück. Die Zukunft nach einer Krebsdiagnose wird anders sein. Anders heißt aber nicht schlechter. Es gibt noch so viel zu erleben. Ja, jetzt ist eine schwierige Zeit und an der Krebsdiagnose ist nun wirklich nichts Positives, bitte nicht schönreden. Es bleibt aber nicht so, wie es jetzt aktuell ist. Es gibt ein gutes Leben nach und auch mit Krebstherapie.

Übung: **Ich kann mehr, als ich denke**
Denke an eine Situation in deinem Leben, in der du etwas erreicht hast, von dem du vorher nicht gedacht hättest, dass du das schaffen könntest. Werde dir so deiner Stärken bewusst!

Übung: **Raumschiff Enterprise – bitte einsteigen.**
Das Abenteuer Zukunft startet jetzt. Reise gedanklich in die Zukunft. Male dir in bunten Bildern aus, wie du dir dein Leben nach der Genesung wünschst.

So, und jetzt ... Augen auf und durch.

Gute Nacht - Zwischen Abenteuerreisen und Sternenstaub:
Ein entspannter Blick auf das Schlafen

Gerade warst du noch richtig müde. Du knipst das Licht aus, kuschelst dich in eine gemütliche Schlafposition, ziehst die Decke über die Schultern ... und das Rascheln auf dem Kopfkissen beginnt, ganz sanft, fast unbemerkt. Das Gedankenkarussell ist startklar für die erste Runde. Es ist voll besetzt mit kleinen Sorgenmonstern, die die Dunkelheit der Nacht lieben, um dich in ein schlafraubendes Nachtabenteuer zu entführen.

Dich hält vieles wach. Du grübelst wegen der gesundheitlichen Probleme und weil du Zukunfts- und Existenzängste hast.

Die Zeit nach der Krebsdiagnose ist eine sorgenvolle Zeit. Den Sorgen ist es anscheinend egal, ob es Tag oder Nacht ist. Sie kommen, ohne dazu aufgefordert zu sein. Der Nachtschlaf, die wichtige Zeit der Regeneration, ist von entscheidender Bedeutung für unsere körperliche und psychische Gesundheit. Wer unter Einschlaf- oder Durchschlafproblemen leidet, fühlt sich tagsüber oft müde und unkonzentriert, gereizt, kraftlos, antriebslos, frustriert …

Die Suche nach dem verschwundenen Sandmännchen
Sleep well: Guter und erholsamer Schlaf, um morgens ausgeruht aufzustehen.

Mach es dir bequem: Um gut schlafen zu können, bedarf es einer Umgebung, die Sicherheit und Geborgenheit vermittelt. Die ideale Raumtemperatur liegt bei 18 Grad. Das Zimmer sollte gut durchlüftet, abgedunkelt und ruhig sein. Das Einschlafen auf dem Sofa vor dem Fernseher funktioniert bei vielen ziemlich gut, aber es ist kein erholsamer Schlaf. Nach geraumer Zeit ist man wieder wach. Das ist schon die erste Störung des Schlafes bzw. der Schlafphasen. Zudem behindert das blaue Licht des Fernsehers die Bildung des schlaffördernden Melatonins.
Gewöhne deinen Körper an einen festen Schlaf-Wach-Rhythmus, also gehe oft zur gleichen Zeit schlafen.
Leite den Übergang des Tages in den Ruhemodus der Nacht bewusst ein, indem du vielleicht einen kurzen Abendspaziergang machst, ein warmes Bad nimmst, ein wenig in einem nicht aufregenden Buch liest oder ein Glas Milch mit Honig trinkst.
Auch ruhige Musik, Naturklänge, Hörbücher (keine Krimis), Meditationen oder Atemübungen sind ein Signal für den Körper, sich wohlig zu entspannen und zur Ruhe zu kommen.

Achtung: Ein Glas Wein kann zwar müde machen, verkürzt allerdings die wertvolle Tiefschlafphase.

Und wenn du trotzdem nicht schlafen kannst? Ärgere dich nicht darüber, wenn das Einschlafen nicht gelingen will. Es ist sinnlos, krampfhaft im Bett das Einschlafen herbeizusehnen. Auch wache Phasen in entspannter Atmosphäre sind Ruhephasen.

Mein persönlicher Tipp: *Ich höre Hörbücher und Podcasts. Stimmen beruhigen mich. Meine Konzentration wird umgelenkt und ich vermeide, dass meine Gedanken sich in Albtraumszenarien verirren.*

Wenn du nachts wach wirst, vermeide es, auf die Uhr zu sehen. Die Uhrzeit erzeugt schlagartig Druck. „Mist, 3:30 Uhr. Ich habe nur noch drei Stunden, bis der Wecker schellt. Wenn ich nicht sofort wieder einschlafe, bin ich morgen wieder den ganzen Tag todmüde.“

Der Schlafbedarf ist bei jedem Menschen unterschiedlich. Daher sprechen Mediziner und Psychotherapeuten erst dann von Schlafproblemen, wenn es dich stört und du das Gefühl hast, morgens nicht ausgeruht aufzuwachen. Von einer Schlafstörung spricht man, wenn in mindestens drei Nächten pro Woche, über mehr als einen Monat, der Schlaf die Lebensqualität beeinträchtigt.

Dunkelheit:
Nur wenn es richtig dunkel ist kannst du in den Tiefschlaf kommen,
ansonsten kann es sein, dass du immer wieder aufwachst.

 Temperatur:
ca 18 Grad ist eine gute Schlaftemperatur.

 Luft:
Lüfte noch mal kurz und kräftig durch, bevor du ins Bett gehst.

Lärm:
Versuche störende Geräusche auszuschalten - schlafe gegebnfalls mit Ohrstöpseln

Medien:
Möglichst eine Stunde vor dem Schlafen gehen nicht mehr fern sehen, nicht mehr ans Handy,
keine Nachrichten hören.

Runter fahren:
entspannte Musik, ein Glas Milch, Atemübung,kurze Meditation, warmes Bad, ...was entspannt
dich?

Routine:
Habe ein Zubettgeh - Ritual

Gemütlichkeit:
Mache aus deinem Schlafzimmer einen schönen Raum - aufgeräumt, mit angenehmen gedimmte
Licht, schöner Bettwäsche, kuschligen Decken.....
liegengebliebende Bügelwäsche hat hier nichts zu suchen.

 Den Tag beenden:
Schreibe noch kurz 3 positive Dinge auf
ACHTUNGF Falle - nicht über schwierige Situationen nachdenken, grübeln bewußt stoppen.

Selbstfürsorge: Ein Begriff, der oft verwendet wird, aber dennoch fremd wirken kann

Was fällt dir zum Wort Selbstfürsorge ein? Unterstreiche die Worte, die für dich passen.

Selbstakzeptanz
Selbstachtung
Selbstwert
Entspannung
Achtsamkeit
Balance
Auszeiten
Gesundheit
Erholung
Schlaf
Sport
Meditation
Unterstützung anfragen
Hilfe annehmen
Ernährung
Selbstschutz
Familienzeit
Hobbys
Pausen
Eigenverantwortung
Grenzen setzen
Journaling
Zuhause fühlen
Reflexion
Stille
Work-Life-Balance
Freizeit
Freunde

Natur
Selbstwahrnehmung
Positives Denken
Nein sagen
Zeit für sich
Selbstakzeptanz
Wohlfühlen
Stressabbau
sich Zeit lassen
Lebensfreude
Selbstliebe
Körperpflege
Optimismus
Rituale
Selbstbewusstsein
Ruhe
Loslassen
Glücksmomente schaffen

Es gibt tausende Artikel im Internet zum Thema Selbstfürsorge und auch die Buchläden sind voll. Die vielen konkreten Tipps erstaunen mich, denn ich denke, die eigenen Bedürfnisse sind sehr individuell und ebenso individuell ist das, was dir wirklich gut tut.

Für mich bedeutet Selbstfürsorge im ersten Schritt, auf sich zu achten, einhergehend mit den Fragen:

- Wie geht es mir?
- Was tut mir gut?
- Was will ICH?
- Was brauche ICH jetzt in der konkreten Situation, damit es mir besser geht?

Im zweiten Schritt heißt es, deine eigenen Bedürfnisse ernst zu nehmen und ihnen eine angemessene Priorität einzuräumen.

Im dritten Schritt heißt es, dir selbst zu erlauben, sich um deine Bedürfnisse zu kümmern – seelisch und körperlich.

Selbstfürsorge heißt,
deine Bedürfnisse wahrzunehmen,
sie ernst zu nehmen und bewußt,
entsprechend deiner Bedürfnisse, zu handeln.

Selbstfürsorge muss nicht immer heißen, etwas für dich zu tun, sondern auch manchmal, einfach etwas sein zu lassen.

Gesellschaftlich ist es hoch angesehen, sich liebevoll um andere zu kümmern, ihnen zuzuhören und sie zu unterstützen. Das Wohl anderer hat Priorität. Gibst du hingegen deinen eigenen Bedürfnissen die gleiche Priorität und Aufmerksamkeit, ploppt ganz schnell das Wort „Egoismus" auf.

Und ebenso schnell gesellen sich zu dem Wort „Egoismus" noch weitere Begriffe hinzu:

- Faulheit
- Unverdient
- Schwäche
- Unproduktivität
- Verschwendung
- Narzissmus
- Verantwortungslosigkeit
- Verwöhnung
- Ignoranz
- Rücksichtslosigkeit
- Überheblichkeit
- Luxusdenken
- Selbstmitleid
- Selbstzentriertheit

Ok - bei den negativen Assoziationen lassen wir das doch mal lieber mit der Selbstfürsorge, oder? Scheint ja bei anderen nicht gut anzukommen.

Selbst wenn du deutlich spürst, dass du selbst besser auf dich achtest, ist es so verdammt schwer, sich die Erlaubnis zu geben.

Ich finde, dass Selbstfürsorge eine notwendige Kompetenz ist, die nicht nur Anerkennung verdient, sondern auch gefördert werden muss,

denn sie bedeutet, dem eigenen Wohlbefinden eine angemessene Aufmerksamkeit zu schenken.
Gelernt haben die meisten von uns aber etwas anderes, nämlich, dass es schicklich ist, seine eigenen Bedürfnisse hinten anzustellen, für andere da zu sein, zu funktionieren – immer hilfsbereit zu sein….
Werte, die man uns mühevoll anerzogen hat.Das sind Werte, die im gemeinschaftlichen Miteinander durchaus von Bedeutung sind.

Und weil wir es verinnerlicht haben, vervollständigen wir die Sätze mit: „Erst wenn du es dir verdient hast und wirklich alles andere erledigt ist, dann bist du dran." … wenn dann noch Zeit ist, du es nicht übertreibst und es unbedingt sein muss, (...und ob es unbedingt sein muss, wird auch von außen durchaus kritisch beobachtet und bewertet).

Also: „Stell dich nicht so an – nimm dich nicht so wichtig, andere schaffen es ja auch."

Stopp! – Nein! Falsch! DU BIST WICHTIG!!! **Deine Bedürfnisse sind wichtig!!!!**

Spätestens jetzt, mit der Brustkrebsdiagnose, ist es sogar extrem wichtig, stark auf dich und dein Wohlbefinden, körperlich und psychisch, zu achten.

Nein, nicht nur zu beobachten, sondern deinen Fokus darauf zu setzen und der Selbstfürsorge die höchste Priorität einzuräumen.

Nutze alles, was dir Energie gibt und dir gut tut. Meide Energiefresser, insbesondere die, die deine Psyche belasten.

Beachte: Die Anforderungen von außen werden hier nicht die große Herausforderung darstellen. Wenn wir im normalen Alltag oft auf Unverständnis stoßen, wenn wir von Selbstfürsorge reden, jetzt mit der Brustkrebsdiagnose werden wir sogar oft dazu aufgefordert.

Das macht es aber nur minimal leichter, sie umzusetzen, denn **DU** selbst bist es, deine Erwartungen an dich sind es, die die Selbstfürsorge ausbremsen.

Achtung! Ohne eine riesige Portion Selbstfürsorge ist die Diagnose Brustkrebs nicht zu bewältigen.

Deine jetzt wichtigste Aufgabe heißt: Sorge für dein körperliches, emotionales, psychisches und soziales Wohlbefinden. Selbstfürsorge beinhaltet die Akzeptanz, ein normaler Mensch zu sein, also auch verletzlich, verwundbar, mit Stärken und Schwächen, mit begrenzter Kapazität, nicht perfekt und nicht grenzenlos. Alle Bereiche der Selbstfürsorge greifen ineinander über.

Lass uns dennoch einen Blick auf die einzelnen Bereiche werfen. Dir wird schnell auffallen, Selbstfürsorge ist sehr individuell und es gibt Bereiche, da fällt Selbstfürsorge leichter als in anderen Bereichen.

Körperliche Selbstfürsorge heißt, auf deine körperlichen Bedürfnisse zu achten, den Körper zu unterstützen, zu pflegen und so seine Heilung zu fördern.

Warum ist körperliche Selbstfürsorge wichtig?
Deine Krebserkrankung und ihre Behandlung beanspruchen deinen Körper stark. Nebenwirkungen wie Müdigkeit, Übelkeit, Schmerzen und Schwäche sind häufig. Körperliche Selbstfürsorge kann helfen, diese Symptome zu lindern und die körperliche Stärke und Ausdauer bestmöglich zu erhalten. Die körperliche Selbstfürsorge fördert das allgemeine Wohlbefinden, die Lebensqualität und kann die Heilung maßgeblich unterstützen.

Praktische Ansätze zur körperlichen Selbstfürsorge:

- **Ausgewogene Ernährung**: Eine gesunde, ausgewogene, abwechslungsreiche Ernährung liefert dem Körper die notwendigen Nährstoffe zur Unterstützung des Immunsystems und der Heilung. Es ist wichtig, Obst, Gemüse, Proteine und Vollkornprodukte zu essen und ausreichend Wasser zu trinken. Sei aber nicht zu streng mit dir. Alles ist erlaubt – nur keine Grapefruit bei Chemotherapie.
- **Regelmäßige Bewegung**: Körperliche Aktivität kann helfen, Müdigkeit zu reduzieren, die Stimmung zu verbessern und die körperliche Stärke zu erhalten. Schon leichte Aktivitäten wie Spaziergänge, sanftes Yoga oder Schwimmen können sehr wohltuend sein. Tu das, was du kannst! Du musst jetzt nicht

mit Sport anfangen, wenn du vorher auch keinen Sport gemacht hast. Gehe raus, gehe spazieren. Tageslicht ist wichtig für den Körper und die Psyche. Achte während der Chemotherapie auf hohen Sonnenschutz - aber auch in der Zeit danach. Deine Haut ist durch die Therapie empfindlicher.

- **Ausreichender Schlaf**: Guter Schlaf ist essenziell für die Regeneration des Körpers. Es ist hilfreich, regelmäßige Schlafenszeiten einzuhalten und eine entspannende Schlafumgebung zu schaffen. Du wirst deutlich weniger Energie haben als im bisher gewohnten Alltag. Gönne deinem Körper jede Ruhephase, die er braucht...immer dann, wenn er sie braucht.

- **Körperpflege**: Im Moment stehst du ja etwas auf dem Kriegsfuß mit deinem Körper. Er ist erkrankt, ohne dich schnell vorzuwarnen, er hat sich optisch verändert. Und jetzt nimmst du auch noch ständig zu. Sich Zeit für die Pflege des eigenen Körpers zu nehmen, kann das Wohlbefinden steigern. Dazu gehören regelmäßige Hygieneroutinen sowie das Tragen bequemer Kleidung. Informiere dich doch mal über die DKMS Life Kurse zum Thema Schminken. Sie helfen in der Krebstherapie, die körperlichen Veränderungen gut annehmen zu können. Morgens sollten die letzten Duschsekunden eiskalt enden, das macht wach und stärkt das Immunsystem. (Ninas Arzt sagt, ab und an ein Glas Sekt kann auch helfen.) Abends ein warmes Bad und du entspannst und findest leicht in den Schlaf.

- **Medizinische Versorgung**: Arztbesuche gehören jetzt zu deinem Alltag. Bei Beschwerden oder Nebenwirkungen sollte unverzüglich dein medizinisches Team informiert werden.
- **Entspannungstechniken**: Techniken wie Atemübungen, progressive Muskelentspannung oder Meditation können helfen, Stress abzubauen und körperliche Anspannung zu reduzieren.

Emotionale Selbstfürsorge bedeutet, eigene Gefühle wahrzunehmen, zu akzeptieren, zu priorisieren, sie auszudrücken und danach angemessen zu handeln.

Warum ist emotionale Selbstfürsorge wichtig?
Die Diagnose Brustkrebs löst Gefühle aus, von Anfang an und immer wieder. Gefühle, die nicht unbedingt zu unserem ständigen Repertoire gehören. Angst, Trauer, Wut, Verzweiflung und Überforderung sind häufige Begleiter. Emotionale Selbstfürsorge hilft dabei, diese Gefühle zu verstehen, zu akzeptieren, zu verarbeiten und ein inneres Gleichgewicht zu finden. Sie trägt zur psychischen Resilienz bei und unterstützt den Heilungsprozess.

Praktische Ansätze zur emotionalen Selbstfürsorge:

- **Gefühle wahrnehmen und ausdrücken**: Es ist wichtig, sich selbst die Erlaubnis zu geben, Gefühle wahrzunehmen und zu äußern. Alle Gefühle sind erlaubt! Nutze Gespräche mit Vertrauenspersonen, Tagebuchschreiben oder kreative Tätigkeiten wie Malen oder Musizieren als Unterstützung für dich.

  Ich habe nach der Chemo angefangen, Ukulele zu spielen. Ein Instrument, das man schnell erlernt und es macht richtig Spaß.

- **Achtsamkeit und Meditation**: Achtsamkeitsübungen und Meditation können helfen, im Hier und Jetzt zu bleiben und innere Ruhe zu finden. Sie fördern das Bewusstsein für die eigenen Emotionen und ermöglichen einen liebevollen Umgang mit sich selbst.

- **Positive Aktivitäten einplanen**: Aktivitäten, die Freude bereiten und ablenken, sollten bewusst in den Alltag integriert werden. Ob Spaziergänge in der Natur, Lesen, Hobbys oder Treffen mit Freunden, Kino, Sauna, Strandspaziergang, leckeres Essen, Rad fahren, tanzen, Katzen kraulen... – all dies kann das emotionale Wohlbefinden fördern. Finde heraus, was dir gut tut, und dann tu es.

- **Grenzen setzen**: Grenzen helfen dabei, sich vor Überlastung zu schützen, indem sie sicherstellen, dass man nicht mehr gibt, als man verkraften kann. Verpflichtungen und Aufgaben können zu emotionaler Erschöpfung führen. Durch das Setzen von Grenzen kann man sicherstellen, dass man genügend Energie für sich selbst behält. Grenzen signalisieren sich selbst und anderen, dass die eigenen Bedürfnisse und Gefühle wichtig und wertvoll sind. Wenn man sich regelmäßig Zeit für sich selbst nimmt und diese Zeit schützt, kann man Aktivitäten nachgehen, die einem Freude bereiten und emotionale Ausgeglichenheit fördern.

Beachte: Wie sollen andere deine Grenzen der Belastung erkennen und akzeptieren, wenn du es selbst nicht tust?

- **Professionelle Hilfe in Anspruch nehmen:** Kaum etwas unterstützt so sehr wie psychoonkologische Beratungen und Begleitung. Es ist dein sicherer Raum, um schwierige Gefühle zu bearbeiten und neue Bewältigungsstrategien zu entwickeln.

Ich bin ausgebildete systemische Familientherapeutin und bringe viel Lebens- und Berufserfahrung mit. Viele denken vielleicht, sie weiß, worauf es ankommt, sie braucht bestimmt keine psychoonkologische Unterstützung. Das ist ein Irrtum. Auch mich hat die Diagnose ins Straucheln gebracht. Auch ich hatte Angst, fühlte mich hilflos und benötigte eine zugewandte, professionelle Unterstützung, die mich durch die schwierige Zeit der Krebstherapie begleitet hat. Diese Hilfe war für mich von unschätzbarem Wert.

Heute stehe ich als Psychoonkologin an der Seite von Brustkrebspatientinnen und deren Angehörigen. **Ich weiß genau, was du gerade durchmachst.**

Auf meiner Webseite: **www.Es-ist-Brustkrebs.de** erfährst du mehr über meine Arbeit und mein Angebot.

Da ich online arbeite, bin ich flexibel und kurzfristig für dich da – ohne lange Wartezeiten, denn ich weiß, Krisen kommen plötzlich, und in solchen Momenten hat man keine Kraft und Zeit, sich auf Wartelisten setzen zu lassen. **Ich bin da, um dir genau dann beizustehen, wenn du mich brauchst.**

Psychische Selbstfürsorge heißt, das Augenmerk auf die möglichen Beeinträchtigungen, die die Diagnose Brustkrebs mit sich bringen kann, zu richten und gezielt vorsorgliche und rechtzeitige Maßnahmen zur psychischen Gesundheit einzuleiten. Insbesondere in herausfordernden Lebenssituationen wie einer Krebserkrankung ist es wichtig und richtig, sich selbst Aufmerksamkeit und Mitgefühl entgegenzubringen.

Warum ist psychische Selbstfürsorge wichtig? Die Behandlung nach einer Krebsdiagnose hat viele körperliche Nebenwirkungen. Doch wie sagt schon der Volksmund: „Das bleibt nicht in den Kleidern stecken." Der Angriff auf die Psyche ist ebenso bedrohlich wie der Angriff auf den Körper. Ihm wird nur zunächst weniger Beachtung geschenkt. Den Krebs vollständig aus dem Körper zu entfernen, steht bei der medizinischen Behandlung an oberster Stelle. Doch der Krebs nistet sich auch in der Psyche ein und hinterlässt Spuren. Unsicherheit, Ängste, Depressionen, aber auch Gedächtnisprobleme... Auch in der Psyche muss der Krebs daran gehindert werden, sich auszubreiten. Sofortige Selbstfürsorge, ggf. mit professioneller Unterstützung, ist unerlässlich. Ziel ist es, dass du lernst, mit den Herausforderungen deines täglichen Lebens sowie außergewöhnlichen Belastungen umzugehen sowie das psychische Wohlbefinden zu fördern und die kognitive Leistungsfähigkeit zu erhalten.

Praktische Ansätze zur psychischen Selbstfürsorge:

- **Stressmanagement:** Techniken zur Stressbewältigung wie Achtsamkeit, Meditation und tiefes Atmen können helfen, den Geist zu beruhigen, Stress abzubauen, im Hier und Jetzt zu bleiben und Klarheit zu fördern. Du siehst, es erscheinen immer wieder die gleichen Techniken – weil sie sich in der Praxis bewiesen haben und Alleskönner sind.
- **Positive Gedanken pflegen:** Das Üben, Positives bewusst wahrzunehmen, hinterlässt auch an dunklen Tagen kleine bunte Farbkleckse. Hierbei könnte das Schreiben eines Dankbarkeitstagebuchs unterstützen. Ein Dankbarkeitstagebuch ist ein Tagebuch, in das du jeden Tag schreibst, wofür du dankbar bist, oder abgewandelt, was du an dem Tag an positiven Dingen erlebt hast.

Du richtest deinen Fokus damit bewusst auf die guten Dinge und du wirst verwundert sein, wie viele es davon auch an schwierigen Tage gibt.

Wichtig: Es ist keine unrealistische, toxische Positivität gemeint. Mit der Krebsdiagnose gehen so viele belastende Situationen einher – das darf und kann man nicht schönreden: Und dennoch gibt es immer ein Plus (+) des Tages. Und inzwischen weißt du ja, man kann da auch selbst und ganz bewusst etwas für tun.

- **Kognitive Übungen**: Aktivitäten, die das Gehirn herausfordern, wie Rätsel, Sudoku, Lesen, Schreiben oder das Erlernen von etwas Neuem, unterstützen dich, deine alte geistige Leistungsfähigkeit schnell zurückzugewinnen. Unterschätze das Chemohirn nicht. Konzentrationsstörungen, Gedächtnisstörungen und Wortfindungs-störungen sind oft auftretende Begleiterscheinungen einer Chemo. Sie gehen vorüber.
- **Mentale Flexibilität durch Perspektiven - wechsel**: Sich regelmäßig mit neuen Sichtweisen und Perspektiven auseinanderzusetzen, kann die kognitive Flexibilität fördern. Dies kann durch Reisen, das Lesen unterschiedlicher Literaturgenres oder den Austausch mit unterschiedlich lebenden und denkenden Menschen geschehen.

- **Kreatives Denken fördern:** Kreative Aktivitäten wie Malen, Schreiben, Basteln oder Musizieren können das Gehirn auf neue Weise stimulieren und kreative Denkprozesse anregen. Diese Aktivitäten fördern die geistige Flexibilität und können gleichzeitig entspannend wirken.
- **Pausen einlegen:** Regelmäßige Pausen und ausreichend Erholung sind wichtig, um geistige Ermüdung zu vermeiden. Pause machen heißt auch, Pause von Verpflichtungen zu nehmen – sich bewusste Auszeiten gönnen. Genau das machen, was dir jetzt gut tut. Ein Kaffee am Morgen auf dem Balkon, ein Buch, das dich mit in eine andere Gedankenwelt entführt, ein Cafébesuch und Menschen beobachten, wie sie am Ende der Mittagspause zurück ins Büro eilen und du bleibst entspannt sitzen...
- **Natur erleben:** Zeit in der Natur zu verbringen, kann nicht nur entspannend, sondern auch kognitiv anregend sein. Wandern für die Psyche. Wenn der Körper sich bewegt, erhöht sich die Gedankenvielfalt, es bewegt sich etwas und man steckt nicht mehr so fest... und plötzlich kriegt man den Kopf frei.
- **Stille genießen:** Schritt eins ist für viele vermutlich, Stille auszuhalten, ehe man in die Phase kommt, Stille genießen zu können. Nicht reden, nichts hören, nicht sprechen... fühlen, was geschieht. Gib dich Tagträumen hin, mache nichts, lass Gedanken vorbeiziehen…

- **Musik- und Tanztherapie**: Musik hören oder tanzen kann sowohl entspannend als auch stimulierend sein. Tanzen setzt Glückshormone (Endorphine) frei, die als natürliche Schmerzmittel und Stimmungsaufheller wirken. Sie helfen, Schmerzen zu lindern, die Stimmung zu verbessern, Stress und Angst abzubauen, soziale Bindungen zu stärken, das Immunsystem zu unterstützen und die körperliche Fitness zu steigern. Diese vielfältigen positiven Effekte machen Tanzen zu einer wertvollen Aktivität für das körperliche und emotionale Wohlbefinden.
- **Selbstreflexion / Hinterfragen von Glaubenssätzen**: Glaubenssätze sind Überzeugungen und Annahmen über uns selbst, andere Menschen und die Welt um uns herum. Sie prägen unsere Gedanken, Gefühle und Verhaltensweisen und können sowohl positiv als auch negativ sein. Viele Glaubenssätze entwickeln sich in der Kindheit und Jugend und bleiben oft über Jahrzehnte bestehen. Negative Glaubenssätze wie „Ich bin es nicht wert", „Ich muss etwas leisten, um Anerkennung zu bekommen" oder „Meine Bedürfnisse sind zweitrangig" halten Selbstzweifel überlebensfähig und das Selbstwertgefühl winzig. Das Hinterfragen und Korrigieren dieser Glaubenssätze kann helfen, realistischere und positivere Sichtweisen zu entwickeln, was den Stress und die Angst reduziert. Indem man positive und adaptive Glaubenssätze entwickelt und festigt, kann man besser mit Lebenskrisen

und stressigen Situationen umgehen. Die Krebsdiagnose ist eine Zeit der Veränderung, mehr als man zunächst ahnt. Jetzt ist die Zeit, alten Glaubenssätzen kein Gehör mehr zukommen zu lassen, sie durch positive Glaubenssätze auszutauschen und eine optimistischere und zufriedenere Lebenseinstellung zu entwickeln. Du bist es wert – du bist gut so, wie du bist – deine Gefühle sind richtig und wichtig – du verdienst es, geliebt und geachtet zu werden.

- **Professionelle Unterstützung:** Psychoonkologische Beratungen oder psychotherapeutische Gespräche bieten spezialisierte Unterstützung und Strategien zur Bewältigung einer Krebsdiagnose. Viele versuchen, diesen schweren Weg alleine zu gehen und scheuen sich, Hilfe in Anspruch zu nehmen. Tu das nicht! Hol dir professionelle Unterstützung, das ist dein Recht und ein absolutes Zeichen von Stärke, nicht von Schwäche!

Soziale Selbstfürsorge bedeutet, dass du dir Unterstützerinnen suchst, Hilfe erfragst und Hilfe annimmst. Soziale Fürsorge kann durch Familie, Freunde, Selbsthilfegruppen und medizinisches Personal erbracht werden und umfasst emotionale Unterstützung, praktische Hilfe und die Schaffung eines Netzwerks, das Sicherheit und Geborgenheit bietet.

Warum ist soziale Selbstfürsorge wichtig? Ein sicheres Umfeld, Geborgenheit und hilfsbereite Menschen... damit schafft man alles.

Praktische Ansätze zur sozialen Selbstfürsorge:

- **Wer könnten meine Unterstützer sein?**
  Überlege dir konkret, wer deine Unterstützer sein können. Wer steht denn überhaupt zur Verfügung? Schließe die Augen und wünsche dir zwei bis vier Personen an deine Seite. Erweitere gedanklich den Kreis um weitere zwei bis vier Personen. Dein Team steht. Habe aber vorsichtshalber noch ein bis zwei Personen auf der Ersatzbank.
- **Und was brauche ich an Unterstützung?**
  ... an emotionaler Unterstützung?
  ... an ganz konkreter, praktischer Unterstützung?

  Das kann durchaus eine lange Liste werden und geht von Begleitung bei Arztgesprächen über Papierkram erledigen und lästige Telefonate führen, über Haushalt und Kinderbetreuung bis hin zu „in den Arm nehmen und trösten" oder „Wut aushalten" oder „schöne Dinge machen"...

Tipp: Sei spezifisch in dem, was du brauchst. Anstatt zu sagen, "Ich könnte etwas Hilfe brauchen," formuliere konkret: "Ich habe freitags Chemotag. Könntest du mir bitte an den Chemotagen für mich kochen?" „Kannst du meine Tochter bitte dienstags vom Kindergarten mit zu dir nehmen und sie mir nach dem Abendessen bringen?" Es kann hilfreich sein, dich daran zu erinnern, dass das Annehmen von Hilfe anderen die Möglichkeit gibt, sich nützlich und wertvoll zu fühlen. Viele Menschen möchten unterstützen, wissen aber oft nicht, wie sie helfen können. Indem du sie bittest, dir zu helfen, ermöglichst du ihnen, Teil deiner Heilung zu sein.

- **Können die Personen, die du ausgewählt hast, das leisten?** Deine Unterstützung muss auf mehrere Schultern ruhen, damit niemand durch die hohe Anforderung und Belastung untergeht. Beachte auch, gerade die ersten zwei bis vier Unterstützer stehen dir sehr nahe und sind vermutlich ebenfalls persönlich durch deine Diagnose betroffen und tragen ihr ganz eigenes Päckchen voller Sorgen und Veränderungen, die die Diagnose auch für sie mitgebracht hat. Sie wollen für dich da sein – sie werden für dich da sein, aber auch sie haben nur eine begrenzte Kapazität. Alle werden sich erkundigen, wie es dir geht. Ja, du bist wichtig und das sollst du fühlen.

Frag du bitte auch deine Liebsten, wie es ihnen geht. Ihr Päckchen voller Sorge um dich, das fest mit Hilflosigkeit zugeschnürt ist, hat durchaus ein überwältigendes Gewicht.

Entlaste dein persönliches Unterstützerteam zusätzlich durch die aktive Suche nach anderen Betroffenen. Der Austausch mit anderen, die ähnliche Erfahrungen gemacht haben, kann für beide Seiten sehr entlastend sein. Selbsthilfegruppen oder Facebook-Online-Gruppen bieten Raum für Verständnis und Gemeinschaft.

Die von mir begleitete Facebookgruppe heißt: Brustkrebs – Eine Herausforderung für den Körper und die Seele. Du bist herzlich willkommen.

Und wenn du die Liste fertig hast, dann kommt jetzt noch eine essentielle Frage: Von wem kann ich Hilfe annehmen?

- **Soziale Interaktionen / Plane Schönes:** Planen ist in der Zeit der Akuttherapie gar nicht so einfach. Auf der einen Seite ist der Terminplan durch Behandlungstermine schon randvoll und auf der anderen Seite ist es nicht gut berechenbar, wann es dir wie geht. Alle anderen haben außerdem ihren normalen Alltag. Es heißt, das Gleichgewicht zu finden zwischen „jetzt fühle ich mich gut, jetzt könnte ich, denn ich habe Kraft, Lust und Zeit plus Bedarf und keiner ist da" und „jetzt besteht die Verabredung zwar seit zwei Wochen aber jetzt möchte ich mich viel lieber hinlegen." Hier ist große Rücksichtnahme von beiden Seiten gefordert verbunden mit vertrauensvoller, offener Kommunikation. Wenn man psychisch eh angeschlagen ist, dann überrollt einen das Gefühl von sich alleine gelassen fühlen und Einsamkeit inkl. „keiner versteht mich", ganz schnell. Solltest du dazu neigen, dich in solchen Situationen zurückzuziehen, tu es bitte nicht. Kommuniziere deine Empfindungen und Gedanken.

Positive soziale Interaktionen regen die Ausschüttung von Wohlfühlhormonen wie Oxytocin an, das das allgemeine emotionale Gleichgewicht fördert.

Der Austausch mit Personen über Ängste, Sorgen und Hoffnungen spendet Trost und aktiviert Kraftreserven.

Und auch hier der **Hinweis:** Dieser Austausch geht mit anderen Betroffenen so viel einfacher. Da braucht es oft wenige Worte und man fühlt, die Andere weiß, wovon ich spreche.

- **Identifiziere Kraftfresser**: Gut gemeint ist nicht automatisch gut getan. Ich kann nur jeder Frau raten, sich Menschen, die dich mehr Kraft kosten als sie dir Kraft geben, so gut wie möglich vom Hals zu halten. Bei manchen geht es, bei manchen aber auch nicht. Und dennoch gilt: JETZT nicht. Hier müssen ja keine endgültigen Entscheidungen

getroffen werden – dürfen aber – doch
während der Akutbehandlung gilt strikte
Isolation und Kontaktverbot.
Selbstfürsorge ist Selbstschutz.

Toxisch positive Menschen gehören ganz
sicher auch in die Kategorie Kraftfresser.
„Mein Glas ist immer halb voll" – „Alles
ist für etwas gut" – es gibt tausende
solcher Sprüche und Haltungen. Nee – nix
ist an Krebs gut. NIX. Optimismus und
positives Denken sind etwas Gutes, keine
Frage. Wie sollte man sich ohne Optimismus
und Zuversicht motivieren und sich
Herausforderungen stellen? Realistischer
Optimismus, aber keine Bullerbü-Mentalität.
**Stärke ist, auch negative Dinge auszuhalten
mit der Zuversicht, dass es jetzt zwar eine
verdammt schwierige Phase ist, aber eben
auch nur eine Phase. Es gibt ein Danach.**

- **Mit der Kraft haushalten:** Fürsorglich auf
sich zu schauen, auf seine Kraftreserven zu
achten, heißt auch, seine Grenzen zu kennen
und zu akzeptieren. Das Setzen von Grenzen
ist ein entscheidender Aspekt der sozialen
Selbstfürsorge, insbesondere während und
nach einer Brustkrebsbehandlung. Es ist
jedoch auch eine Herausforderung, die viele
Frauen nur schwer meistern. Ein Grund, warum
es vielen schwerfällt, Grenzen zu setzen,
ist das tief verwurzelte Bedürfnis nach
Anerkennung und Wertschätzung. Wir leben
in einer Gesellschaft, die oft Leistung
und Selbstaufopferung belohnt. Viele Frauen

haben gelernt, dass es gut ist, für andere da zu sein, und dass sie dafür geliebt und geschätzt werden. Dieses Muster zu durchbrechen, um sich selbst zu schützen, kann emotional schwierig sein. Es erfordert Mut und das Bewusstsein, dass Selbstfürsorge keine Selbstsucht ist, sondern eine notwendige Maßnahme für das eigene Wohlbefinden und die langfristige Gesundheit. Während einer Brustkrebs-behandlung sind die körperlichen und emotionalen Belastungen besonders hoch. Die Chemotherapie, Operation und Bestrahlung schwächen den Körper und die Psyche. In dieser Zeit ist es besonders wichtig, neue Begrenzungen für sich selbst zu akzeptieren. Dies kann bedeuten, dass du mehr Ruhephasen benötigst, Hilfe annehmen und Aktivitäten reduzieren musst. Diese Anpassungen können mit Gefühlen der Frustration und Hilflosigkeit einhergehen. Viele Frauen berichten, dass sie es schwer finden, sich selbst einzugestehen, dass sie nicht mehr so belastbar sind wie früher. Es ist ein Prozess, in dem es gilt, Geduld mit sich selbst zu haben und die neuen Leistungsgrenzen als vorübergehende Notwendigkeit zu akzeptieren.

Nein sagen heißt, sich vor Überforderung zu schützen

N – **Nachdruck:** Setzt klare Grenzen
E – **Erholung:** Finde Ruhe und Balance
I – **Identität:** Stehe zu deinen Bedürfnissen
N – **Nachhaltigkeit:** Sorge für langfristiges
                     Wohlbefinden

Kennst du das? Du hast nach Feierabend noch eine ellenlange Liste, was privat erledigt werden muss und kurz vor Feierabend kommt dein Chef oder deine Chefin und gibt dir eine Aufgabe, die schnell noch erledigt werden muss – wirklich dringend. „Ja, mach ich, klar, kein Problem" – von wegen schnell.

Kennst du auch das? Im Kindergarten wird gefragt, wer noch einen Kuchen zum Sommerfest mitbringt. „Ich", „Ich auch", „Ich auch"… es sind ja eigentlich genug. Wieso schaffen die anderen das scheinbar alles mit links? Und noch ehe du zu Ende gedacht hast, hört man dich sagen: „Ja, ich auch."

Kennst du auch das? „Wer schreibt denn heute das Protokoll?" Allgemeines Schweigen – es wird weiter geschwiegen – dein innerer Druck wächst… „Ja, mach ich". Deine einzige Rettung wäre eine Kollegin, die genauso tickt wie du.

Kennst du auch das? „Kannst du mir am Wochenende beim Streichen helfen? Ich kann das nicht, aber es ist dringend nötig. Nächste Woche hat Karl Geburtstag und da soll doch alles gut aussehen.

Bei mir wird es nicht gleichmäßig und ich kenne niemanden, der das so gut kann wie du." Nächstes Wochenende ist das erste schöne Wochenende nach einer kalten, nassen Regenperiode. Du hattest fest vor, das Wetter zu genießen und nichts zu tun. „Ja, ich hatte zwar am Wochenende was anderes vor, aber klar, bevor es schiefgeht, wann soll ich da sein und soll ich noch etwas mitbringen?"

Warum? Es gibt mehrere Gründe, warum so viele oft "Ja" sagen, auch wenn ein "Nein" eher ihren Bedürfnissen entspricht:

- **Erziehung und Gewohnheit:** Du konntest mal laut und deutlich Nein sagen, wenn du etwas nicht wolltest. Da war deine Haltung klar und unmissverständlich. Aber dieses Nein stieß selten auf Gegenliebe und bedeutete oft Kampf inklusive blöder Konsequenzen. Von klein auf wurde den meisten von uns beigebracht, dass ein Ja von uns erwartet wird. Dann sind wir lieb und werden gemocht. Wir lernen ganz früh, dass ein Nein nicht die erwünschte Alternative ist.
- **Angst vor Ablehnung:** Viele fürchten, dass ein "Nein" zu Ablehnung oder negativen Konsequenzen führt, sei es im beruflichen oder privaten Kontext.
- **Soziale Erwünschtheit und Druck:** Jeder möchte gemocht und akzeptiert werden. Indem du "Ja" sagst, hoffst du, den Erwartungen anderer zu entsprechen und soziale Konflikte oder sogar dicken Ärger zu vermeiden.

Ein Ja wird als Zeichen von Kooperation und Hilfsbereitschaft gesehen.

- **Mangel an Selbstbehauptung**: Ein Nein stößt nicht immer auf Verständnis und Akzeptanz und fordert durchaus Durchsetzungsvermögen. Die eigenen Bedürfnisse durchzusetzen und sich abzugrenzen, kann Kraft kosten und Unruhe mit sich bringen.
- **Vermeidung von Schuldgefühlen**: Manchmal fühlt man sich schuldig, wenn man "Nein" sagt, besonders wenn man das Gefühl hat, den anderen im Stich zu lassen oder zu enttäuschen.
- **Missverständnisse über die Konsequenzen**: Wir überschätzen oft die Folgen eines "Nein" und unterschätzen die positiven Aspekte, die es haben kann, für sich selbst einzustehen. Es heißt nämlich nicht, dass Menschen, die sehr leicht Ja sagen, beliebter sind. Im Gegenteil, Menschen, die sich deutlich positionieren und ihre Grenzen zeigen, genießen oft ein höheres Ansehen.
- **Selbstbild und Identität**: Wer möchte nicht als hilfsbereit und zuvorkommend einge-schätzt werden? Der Preis dafür kann sein, dass die eigenen Bedürfnisse auf der Strecke bleiben.
- **Sonstiges**: Viele weitere individuelle Gründe sprechen für ein Ja. Nur eines nicht: die eigenen Bedürfnisse.

Es gibt also durchaus Gründe, um Ja zu sagen, auch wenn man Nein fühlt.

- Positive Beziehungen
- Kooperation
- Erfüllung sozialer Erwartungen
- Gelegenheit zur neuen Erfahrung
- Aufbau eines positiven Rufes
- Harmonie und Konfliktvermeidung
- Unterstützung und Hilfe für andere
- Steigerung des Selbstwertgefühls
- Das Gefühl, unverzichtbar zu sein
- Erwartete Wertschätzung
- Ärger vermeiden
- Vermeidung von Schuldgefühlen

Hat ein Ja auch einen Preis? Ja, hat es.

- Vernachlässigung eigener Bedürfnisse
- Stress und Überlastung
- Verlust von Selbstachtung
- Frustration
- Verminderte Produktivität
- Schlechtere Qualität der Arbeit
- Verschlechterung der Gesundheit
- Manipulierbarkeit
- Verlust von Authentizität

Auch können emotionale Schieflagen im Miteinander entstehen, z.B., wenn du mehr gibst, als du erhältst. Ein Nein ist nicht die Antwort, die unser Gegenüber hören möchte. Ein Nein kann auf unterschiedlichen Ebenen berühren. Dein Gegenüber ist vielleicht enttäuscht, fühlt sich abgewiesen, im Stich gelassen… Es kommt ein bisschen darauf an, wie das Nein aufprallt. Denn ein Nein ist kein Affront. Es ist eine von zwei Möglichkeiten. **Ein „*Nein*" zu anderen ist oft ein „*Ja*" zu sich selbst.**

Wirkungsvolle Tipps:

- **Üben, üben, üben!** Möglichst in Situationen, wo es nicht so darauf ankommt. Je öfter man Nein sagt, desto mehr gewöhnt man sich an diese Wahlvariante – du selbst und die anderen.

- **Motive im Check!** Was ist der Grund, warum du jetzt schon wieder das Ja auf der Zunge hast? Was willst du damit erreichen? Was willst du vermeiden? Willst du jetzt wirklich ja sagen? Ist der Preis, den dich das Ja kostet, angemessen?

- **Aushalten!** Es steht die Frage im Raum, wer die Aufgabe übernimmt? Keiner will es machen? Nein, du auch nicht. Und wenn du platzt, du sagst jetzt nicht: „Ok, ich mach es."

- **Haltung annehmen:** Schluck die Antwort runter. Atme einmal tief durch. Richte dich auf. Sitzt oder stehst du gerade? Und nochmal atmen... Ok – sage jetzt: „Nein."

- **Antworte jetzt – du hast drei Sekunden – die Zeit läuft:** Unsinn! Wer oder was drängt dich? Lass dich nicht unter Druck setzen oder gar überrumpeln. „Oh – da muss ich kurz drüber nachdenken – ich sage dir später Bescheid." Und wem das nicht passt, der muss dann mit der Antwort klarkommen: „Sorry, dann geht es leider nicht."

- **Man kann auch freundlich und liebevoll Nein sagen:** Mache deutlich, dass du die Bitte nachvollziehen kannst, dass du verstehst, warum du gefragt wirst. Bleibe bei dir, ohne

Schuldgefühl und ohne ausschweifende
Erklärungen.
„Oh, das ist aber lieb, dass du mich
fragst. Leider geht es diesmal nicht."
„Oh, das ist sicher schwierig für dich.
Leider kann ich dich dieses Mal nicht
unterstützen."

**...und wenn das Nein nicht akzeptiert wird? Dann
heißt deine Antwort weiterhin freundlich Nein.**

Reminder – achte bewusst auf DEINE Bedürfnisse.

Ein liebevoller Blick auf die unsichtbaren Helden an unserer Seite

! Auch wenn ich von Partnern spreche, so ist es für mich selbstverständlich, dass auch deine Partnerin in den Gedanken gleichwertig berücksichtigt ist!

Wenn die Diagnose Brustkrebs das Leben verändert, richtet sich verständlicherweise das Hauptaugenmerk von allen Seiten auf dich als Brustkrebspatientin. Deine Ängste, deine Sorgen und deine Therapie stehen im Mittelpunkt. In diesem Prozess dürfen wir nicht übersehen, dass unsere Familie und hier insbesondere unser Partner eine tragende Rolle einnimmt und dabei selbst ebenso großen Herausforderungen gegenübersteht wie wir selbst – oft sogar vielfältigeren. Doch keiner fragt ihn, wie es ihm geht. Er ist nicht im Fokus. Es werden Situationen an ihn herangetragen, auf die auch er keinen Einfluss hat, die auch sein Leben von jetzt auf gleich verändern, jedoch mit der Erwartung, dass er jetzt funktionieren muss. Er hat jetzt die Aufgabe, alles am Laufen zu halten plus rücksichtsvoll und einfühlsam emotional an deiner Seite zu stehen.

Die emotionale Belastung teilen

Es ist wichtig zu erkennen, dass auch unsere Partner durch eine emotionale Achterbahnfahrt gehen. Sie erleben ähnliche Ängste und Unsicherheiten wie wir. Die Sorge um unsere Gesundheit, die gemeinsame Zukunft und die Veränderungen im Alltag belasten sie stark.

Sie sind oft der Fels in der Brandung, doch auch Felsen können Risse bekommen.

Neue Aufgaben und Verantwortungen

Mit der Diagnose und der anschließenden Behandlung kommen viele neue Aufgaben auf deinen Partner zu. Er übernimmt zusätzliche Hausarbeiten, kümmert sich um die Kinder und organisiert Arztbesuche. Dabei jongliert er oft zwischen Beruf, Haushalt und der Sorge um uns. Dieser immense Einsatz zeigt, wie sehr er dich liebt und unterstützen möchte.

Gemeinsam stark sein

In solchen Zeiten ist es essenziell, die Kommunikation offen zu halten. Sprecht über eure Gefühle und Ängste, sowohl über deine als auch über seine. Gegenseitiges Verständnis ist das Fundament, um gemeinsam durch diese schwierige Zeit zu gehen. Doch wenn dein Partner nicht reden kann oder möchte, dann gestehe ihm das zu.

Dankbarkeit und Anerkennung

Vergiss nicht, die kleinen und großen Dinge zu schätzen, die dein Partner für dich tut – sei es das Kochen einer Mahlzeit, das Halten deiner Hand bei einem Arztbesuch oder einfach das Zuhören, wenn du reden möchtest. Diese Gesten der Liebe und Fürsorge helfen, die emotionale Verbindung zu stärken. Nimm all das, was dein Partner für euch tut, nicht als selbstverständlich. Zeige ihm, wie sehr du diese Unterstützung schätzt und siehst, was er alles tut. Sag DANKE.

Achte auf ihn und seine Grenzen

Dein Partner wird sich in der Zeit der Therapie
mit seinen Wünschen und Bedürfnissen ganz
selbstverständlich hinten anstellen, egal ob es
ihm leicht fällt oder nicht. Es ist jetzt deine
Aufgabe, dies nicht zuzulassen. Gemeinsam diese
herausfordernde Situation zu meistern heißt
nämlich auch, darauf zu achten, dass er nicht
über seine Grenzen geht, auch wenn er dazu bereit
ist.

Dein Partner braucht Regenerationszeit, Zeit für
sich. Ermutige ihn, Dinge zu tun, die ihm gut tun
und helfen, Kraft zu tanken. Auch wenn du auf dem
Sofa liegst und mit der Übelkeit kämpfst, ist es
völlig okay, wenn er zu Freunden zu einem
Grillabend geht. Auch wenn der Weg vom Bett über
das Bad zum Sofa dein Leistungslevel des Tages
völlig auslastet, ist es okay, wenn er zum Sport
geht. Ein ausgeglichenes emotionales Wohlbefinden
auf beiden Seiten ist unerlässlich, um den
gemeinsamen Weg zu meistern.

Zusammen in die Zukunft blicken

Die Zeit der Brustkrebserkrankung kann eine Zeit
sein, in der Beziehungen wachsen und sich
vertiefen. Das heißt nicht, dass alles einfach
ist. Diese Zeit zeigt, dass ihr gemeinsam für
euch da seid, euch aufeinander verlassen könnt,
dass ihr ALLES gemeinsam schafft. Denk daran,
dass auch dein Partner deine Liebe und
Unterstützung benötigt, genauso wie du seine
benötigst.

Mit Kindern über Krebs reden

Krebs ist eine beängstigende Diagnose. Sobald die Diagnose nach der ersten Schockstarre in dein Bewusstsein vorgedrungen ist, gilt sogleich der nächste Gedanke deinen Kindern. Was bedeutet diese Diagnose für uns als Familie? Was bedeutet diese Diagnose für meine Kinder? Ganz gleich, welcher Gedanke sich bei dir in den Vordergrund schiebt, es tut weh, verdammt weh.

Hier nochmals: Nein, du stirbst heute nicht. Du wirst deine Kinder auch weiterhin begleiten und sie aufwachsen sehen. Dennoch wird sich viel in eurem Alltag verändern.

Kinder spüren schnell, dass irgendetwas nicht stimmt, ohne es einordnen zu können. Nach kürzester Zeit reagieren sie verunsichert. Du musst mit ihnen reden. Du musst bald mit ihnen reden. Und doch rate ich als Familientherapeutin, warte mit dem Gespräch, bis du die Diagnose selbst begriffen und im Ansatz verkraftet hast, ehe du den Kindern die Situation altersgerecht erklärst.

Bereitet euch als Eltern gemeinsam auf das Gespräch vor.

Schafft eine ruhige und normale Atmosphäre.

Ihr solltet euch emotional stabil genug fühlen, die Gefühle eurer Kinder aufzufangen, gut auf sie zu achten und alle aufkommenden Fragen so ehrlich wie möglich zu beantworten.

Macht keine Versprechen, weil es der vermeintlich tröstendere Weg ist. Je sachlicher und ehrlicher

ihr miteinander sprecht, desto weniger Platz
bleibt für Fantasien und Ängste.

Fragt sie, was sie über Krebs wissen. Es gibt
Wissen, das für euch als Eltern so
selbstverständlich ist, dass ihr gar nicht daran
denkt, es zu erwähnen, es aber für Kinder wichtig
ist. Krebs ist eine Krankheit, die, anders als
eine Grippe, nicht ansteckend ist. Ihr könnt also
ganz normal weiter miteinander umgehen, kuscheln,
aus einem Glas trinken. Krebs ist eine
Veränderung von Zellen. Es gibt viele Krebsarten.
Manche sind schlimmer als andere, das heißt,
manche Menschen werden sehr krank und müssen
lange behandelt werden, andere können mit der
richtigen Behandlung schnell wieder gesund
werden.
Erklärt euren Kindern auch, was lange und schnell
heißt. So schnell wie bei einer Grippe geht es
eben doch nicht. „Ich werde vermutlich bis
Weihnachten ganz oft zum Arzt oder ins
Krankenhaus müssen und werde oft müde sein.
Mein Körper braucht Hilfe, um wieder gesund zu
werden. Die Ärzte geben mir gute Medikamente,
die mir helfen sollen, wieder gesund zu werden.“

Erklärt, welche Veränderungen ganz konkret auf
jeden einzelnen von euch und auf euch als Familie
zukommen.

Krebs ist nicht nur ein sachliches Thema. Macht
euren Kindern und euch nichts vor. Ihr dürft auch
traurig sein und weinen. Zeigt euren Kindern,
dass das normale Gefühle sind, die man zeigen
darf.

Die Leitregel, die über jedem Gespräch steht, heißt „altersgerecht und ehrlich".

Wichtig! Du musst nicht alles, was du weißt, deinem Kind sagen, aber alles was du sagst, muss ehrlich sein. Das macht es euren Kindern möglich, die Situation einzuordnen und zu verarbeiten, aufkommende Fragen zu stellen und Gefühle auszudrücken.

Jedes Kind ist anders - und jedes Kind reagiert anders. Je jünger dein Kind ist, desto unbefangener wird es vermutlich mit der Krankheit umgehen, vorausgesetzt, du vermittelst, dass dies jetzt eure Situation ist. Es ist anders, aber es ist okay. Beteilige dein Kind. Frage es, wer es vom Kindergarten abholen soll, wenn du nicht kannst. Zeige ihm die OP-Narbe und erkläre, dass du jetzt nicht so toben kannst, weil es sonst wehtun kann. Bereite es immer auf das nächste Ereignis vor. „Wenn die Medikamente anfangen zu wirken und mir helfen, gesund zu werden, werde ich alle Haare verlieren. Dann habe ich eine Glatze und trage ganz oft eine Mütze. Die Haare kommen später alle zurück." Informiere die Erzieherin und auch die Eltern von Spielfreunden. Schulkinder haben vielleicht Probleme mit diesen Veränderungen und entwickeln Ängste. Informiert die Lehrer über eure neue Situation und bittet sie, dich zu informieren, wenn dein Kind sich in der Schule deutlich anders verhält. Informiere aber auch dein Kind, dass du die Lehrer informiert hast. Sag ihm, es darf sich selbst aussuchen, wann es mit wem über deine Brustkrebserkrankung sprechen möchte.

Vielleicht überlegt ihr auch gemeinsam, wem es sich anvertrauen kann, vielleicht dem Opa, der Tante oder der Mama seines Freundes. Sag deinem Kind deutlich, dass du möchtest, dass sich in seinem Leben so wenig wie möglich verändert. Es darf toben, sich mit Freunden verabreden, zum Sport gehen... und es wird auch weiterhin seine Vokabeln lernen müssen, die erlaubten Onlinezeiten einhalten und die Spülmaschine ausräumen.

Gestehe deinem Kind zu, all seine aufkommenden Gefühle zu zeigen, egal ob Angst, Wut, Trauer, Freude. Bewerte die Gefühle nicht. Manche Kinder reagieren mit psychosomatischen Beschwerden: Kopfschmerzen, Bauchschmerzen, Appetitlosigkeit… nimm diese Symptome bitte ernst. Es sind Zeichen, dass dein Kind Hilfe braucht, um mit seinen Sorgen und Ängsten umzugehen.

Teenager geraten in ein besonders großes Dilemma. Sie wollen zu dem Thema Brust der Mutter nun wirklich nichts hören. Sie werden sich vermutlich cool oder vielleicht schroff geben… und spüren ganz deutlich ihre Betroffenheit und Angst, welche sie aber nicht zeigen wollen. Sie haben längst ein tiefes Verständnis von Sorgen, Krankheit und Tod. Vermutlich werden sie wenig fragen, aber selber heimlich recherchieren. Ihr Selbstschutz heißt, große Klappe oder ignorieren der Situation oder Rückzug. So oder so, angebotene Hilfe wird vermutlich abgelehnt. Alles typisch Pubertät. Bürde ihnen keine Verantwortung auf, die sie ohne deine Erkrankung nicht hätten. Die Verantwortung liegt weiterhin bei den Erwachsenen. Sie fühlen sich aber durchaus ernst genommen, wenn du offen über deine Situation, deine Gefühle und die Herausforderungen sprichst. Vielleicht ermöglicht es ihnen dann auch, ihre Schutzmauer bröckeln zu lassen und über ihre Gefühle zu sprechen.

Bücher: Es gibt für jede Altersgruppe wunderbare Bücher, die dir und deinem Kind helfen, über Krebs zu sprechen.

Professionelle Hilfe: Wenn du Situationen beobachtest, die dir zeigen, dass dein Kind sich verändert und emotional belastet ist, holt euch professionelle Hilfe. **Jetzt sofort!** Das legt sich nicht von alleine. Suche nach einer Familientherapeutin, die Hausbesuche macht oder online arbeitet. Schicke dein Kind nicht alleine zu einer Beratung oder zur Therapie. Es ist eure gemeinsame Situation. Familientherapie wird eure familiäre Bindung stärken.

Schreibe mich an, wenn du Sorgen hast!

GabrieleSchwedeGroot@e.mail.de

Brustkrebs: Eine Diagnose, die auch dein Konto belastet

Da ist sie, die Diagnose: Brustkrebs.

Während der schwindelerregenden Achterbahnfahrt der Gefühle ist das Gesund werden an die Spitze deiner Prioritätenliste katapultiert worden. Alle anderen Themen treten in den Hintergrund – zumindest für einen Moment, denn es ziehen bedrohliche Sorgenstürme am Firmament auf. Ein besonders heftiger Sorgensturm braut sich direkt vor dir zusammen. Seine Botschaft lautet: "Ich reiße Löcher in dein Portemonnaie."

Ja, eine berechtigte Sorge, denn deine ganze Energie wird jetzt für längere Zeit in das Gesundwerden fließen. Du bist krank und wirst nicht arbeiten können. Doch du bist abgesichert. Es gibt verschiedene Leistungen und finanzielle Hilfen, die Krebspatientinnen in Anspruch nehmen können. Dies geht leider mit einer Menge an Telefonaten und Papierkram einher. Auch hier gilt: Hol dir Unterstützung. Bitte deinen Mann oder eine Freundin, dies für dich zu übernehmen, oder lass dich vom Sozialdienst deines Krankenhauses unterstützen. Deine Aufgabe ist es, alle Unterlagen zusammenzuhalten, möglichst in einem Ordner, denn es wird immer irgendwelche Nachfragen geben.

Deine finanzielle Existenzsicherung bei deiner Krebserkrankung:

Lohnfortzahlung (§ 3 EntgFG): Wenn du zum Zeitpunkt der Diagnose in einem Angestelltenverhältnis berufstätig bist und mit dem Erhalt der Diagnose krankgeschrieben wirst, erhältst du von deinem Arbeitgeber sechs Wochen (42 Tage) weiterhin deinen vollen Lohn. Gesetzlich versicherte Arbeitslose erhalten die sechswöchige Leistungsfortzahlung durch die Agentur für Arbeit.

Krankengeld (§§ 44, 46 – 51 SGB V):

Nach Ablauf des Anspruchs auf Lohnfortzahlung erhältst du **auf Antrag** von deiner gesetzlichen Krankenkasse Krankengeld. Das Krankengeld beträgt 70 Prozent des regelmäßigen Bruttoentgelts, jedoch nicht mehr als 90 Prozent des Nettolohns. Diese Regelung gilt bis zur Beitragsbemessungsgrenze (5.175 Euro im Monat; Stand 2024). Krankengeld wird längstens 72 Wochen innerhalb eines Drei-Jahres-Zeitraums gezahlt.

Vom Krankengeld werden Sozialversicherungsbeiträge abgezogen. Steuern muss man für das Krankengeld nicht zahlen. Einige Krankenkassen haben auf ihren Internetseiten Krankengeldrechner. Damit kannst du dir gegebenenfalls schon vorab ausrechnen lassen, wie hoch dein Krankengeld sein wird. Krankengeld wird pro Kalendertag errechnet und für 30 Tage im Monat bezahlt.

Wichtig: Damit der volle Anspruch auf Krankengeld besteht, ist eine **lückenlose** Krankschreibung erforderlich! Lückenlos bedeutet, die neue Krankschreibung muss direkt, ohne zeitliche Lücke, an die vorhergehende anschließen.

Achtung: Bei Minijobs, für die keine Krankenversicherungsbeiträge geleistet werden, besteht kein Anspruch auf Krankengeld.

Du bist somit für die nächsten 78 Wochen abgesichert: Sechs Wochen Lohnfortzahlung plus 72 Wochen Krankengeld.

Solltest du länger als diese Zeit krank geschrieben sein, ist es möglich, im Anschluss Gelder durch die Agentur für Arbeit zu beziehen. Hier solltest du dich 8-12 Wochen bevor das Krankengeld ausläuft melden. Dies gilt auch, wenn du in einem festen Arbeitsverhältnis stehst. Es greift die sogenannte **Nahtlosigkeitsregelung** als Sonderform des Arbeitslosengeldes gemäß § 145 SGB, Minderung der Leistungsfähigkeit.

Erwerbsminderungsrente (§ 43 Abs. 1 Satz 2 bzw. Abs. 2 Satz 2 SGB VI): Wenn du aufgrund deiner Erkrankung nur noch eingeschränkt oder dauerhaft nicht mehr arbeiten kannst, kannst du einen Antrag auf Erwerbsminderungsrente stellen.

Die Grundvoraussetzungen für eine Erwerbsminderungsrente sind:

✔ Du bist seit mindestens 60 Monaten in der gesetzlichen Rentenversicherung versichert.
✔ Du hast in den letzten fünf Jahren mindestens drei Jahre Pflichtbeiträge gezahlt.

✔ Du hast die Regelaltersgrenze für die Altersrente noch nicht erreicht.
✔ Auch durch Rehabilitation kann die volle Erwerbsfähigkeit nicht wiederhergestellt werden.

Die Rente kann als Voll- oder Teilrente gewährt werden. Die volle **Erwerbsminderungsrente** setzt voraus, dass du nur noch weniger als drei Stunden arbeiten kannst. Die **Teilerwerbsminderungsrente** setzt voraus, dass du drei bis sechs Stunden arbeiten kannst. Die Erwerbsminderungsrente soll den Einkommensverlust ausgleichen, der durch die eingeschränkte Arbeitsfähigkeit entsteht. Das heißt, ein Teil deiner Einkünfte erzielst du durch deine Berufstätigkeit als Arbeitslohn und dieser wird durch die Erwerbsminderungsrente aufgestockt. Die Höhe der Rente richtet sich nach dem bisherigen Einkommen und den eingezahlten Beiträgen zur gesetzlichen Rentenversicherung. Die volle Erwerbsminderungsrente beträgt in der Regel weniger als ein Drittel des letzten Bruttogehalts, während die teilweise Erwerbs-minderungsrente etwa die Hälfte der vollen Rente ausmacht.

Die Beantragung der Erwerbsminderungsrente ist ein kompliziertes und langwieriges Verfahren, welches u.a. eine umfangreiche medizinische Begutachtung erforderlich macht. In der Praxis heißt das: **Keine Rente ohne Reha.** Solltest du diese Reha ablehnen, musst du davon ausgehen, dass dein Rentenversicherungsträger auch deinen Antrag ablehnt. Hier gilt es, zuerst Widerspruch einzulegen und genau zu begründen. Es besteht die Möglichkeit, vor dem Sozialgericht zu klagen, aber... wer aus gesundheitlichen Gründen nicht mehr arbeiten kann, wird auch nicht die Kraft für solch einen Prozess aufbringen können, denn dieser Prozess erfordert Zeit, Nerven und es fallen erhebliche Kosten an.

Die Rentenversicherungsträger beauftragen Ärzte, den Grad der Erwerbsminderung festzustellen. Dabei wird nicht die bisherige berufliche Tätigkeit bewertet, sondern die allgemeine Arbeitsfähigkeit auf dem allgemeinen Arbeitsmarkt.

Manche Patienten haben auch privat vorgesorgt und eine private Berufsunfähigkeitsversicherung abgeschlossen, die im Falle einer Erwerbsminderung zusätzliche finanzielle Unterstützung bietet.

Wird deinem Antrag auf Erwerbsminderungsrente stattgegeben, erhältst du diese in der Regel befristet auf drei Jahre. Danach wird der Anspruch neu überprüft.

Auch kannst du dich an dein zuständiges Sozialamt wenden und prüfen lassen, ob du einen Anspruch auf **ergänzende Sozialhilfe** oder **Wohngeld** hast. Sollten dich die finanziellen Einbußen durch deine Krebserkrankung besonders hart treffen, gibt es **Härtefonds der Deutschen Krebshilfe**, die dich ggf. einmalig unterstützen.

Das war die Seite der **Einnahmen**. Zusätzlich zu den geminderten Einnahmen entstehen durch deine Krebserkrankung auf der anderen Seite der Waage erhöhte **Ausgaben.**

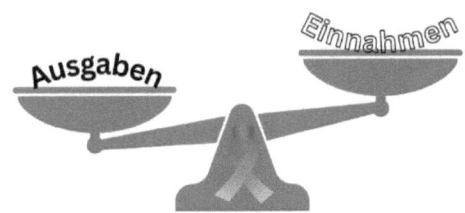

Deine Krankenkasse übernimmt die Kosten für alle medizinischen Leistungen zur Diagnose und Behandlung deiner Krebserkrankung nach Leitlinien. Behandlungsmethoden, für die keine wissenschaftlichen Erfahrungswerte vorliegen oder die umstritten sind, übernimmt die gesetzliche Krankenkasse nicht. Für dich als Patientin fallen jedoch für viele verordnete Leistungen und Medikamente **Zuzahlungen** bzw. ein **Eigenanteil** an. Zuzahlungspflichtig sind Arznei- und Verbandmittel, Heil- und Hilfsmittel sowie stationäre Krankenhausaufenthalte.
Die gesetzliche Zuzahlungsgrenze liegt bei zwei Prozent des jährlichen Haushaltsbruttoeinkommens, für Krebspatienten und andere chronisch Kranke bei einem Prozent. Wird diese Belastungsgrenze erreicht, kann man bei der Krankenkasse eine Befreiung von weiteren Zuzahlungen für den Rest des Kalenderjahres beantragen.

Zuzahlungen:

- **Krankenhausaufenthalt:** Zu jedem Krankenhausaufenthaltstag zahlst du zehn Euro hinzu, bis max. 28 Tage pro Jahr.
- **Arzneimittel:** Für verordnete, verschreibungspflichtige Medikamente zahlst du eine Zuzahlung von zehn Prozent des Preises, bzw. pro Medikament mindestens fünf Euro und höchstens zehn Euro pro Hilfsmittel.
- **Heilmittel:** Hierzu gehören Behandlungen wie Lymphdrainage, Physiotherapie, Ergotherapie, Schmerztherapie, Psychoonkologie, Ernährungsberatung, Fußpflege usw. (siehe Heilmittelkatalog). Hier müssen Versicherte ebenfalls zehn Prozent der Kosten übernehmen, zusätzlich zu einer pauschalen Zuzahlung von zehn Euro pro Verordnung.
- **Hilfsmittel:** Diese umfassen Brustprothesen, spezielle BHs, Perücken, Armkompressionsbandagen, Wundauflagen und andere medizinische Geräte, die den Behandlungserfolg sichern oder eine Behinderung ausgleichen (siehe Hilfsmittelverzeichnis). Auch hier beträgt die Zuzahlung zehn Prozent des Abgabepreises, mindestens fünf Euro und höchstens zehn Euro pro Hilfsmittel.

Um die Heil- oder Hilfsmittel zu erhalten, benötigst du ein Rezept von deinem Ärzteteam. Für bestimmte Hilfsmittel gibt es einen maximalen Höchstbetrag, z.B. für Perücken oder BHs. Suchst du für dich ein Hilfsmittel aus, das teurer ist, musst du die übersteigenden Kosten selber tragen.

Die Krankenkasse sendet dir einen Bescheid zur Kostenübernahme. Diesem kannst du mit einer Frist von einem Monat widersprechen.

Weitere mögliche Leistungen der Krankenkassen – bei Bedarf:

Fahrtkosten: Die Chemo- und Strahlentherapien sind anstrengend und kraftraubend. Ob du in dieser Zeit grundsätzlich selbst Auto fahren darfst, hängt medizinisch wie juristisch davon ab, wie es dir körperlich und geistig geht. Ist die Fahrtüchtigkeit beeinträchtigt, darfst du auf keinen Fall selbst fahren. Da dein Immunsystem jedoch geschwächt ist, ist es aufgrund der Infektionsgefahr auch nicht ratsam, auf öffentliche Verkehrsmittel umzusteigen. Daher werden die Kosten für Taxifahrten zu stationären Behandlungen, Chemotherapie und Strahlentherapie von der Krankenkasse auf Antrag übernommen. Dein Ärzteteam stellt dir hierfür eine Verordnung zur Krankenbeförderung aus.
Auch hier fallen Zuzahlungen an. Diese betragen zehn Prozent der Fahrtkosten, mindestens fünf Euro und maximal zehn Euro pro Fahrt, das heißt, die Hin- wie auch die Rückfahrt gelten als Einzelfahrt.

Achtung: Solltest du am Tag vor der Chemotherapie zur Blutabnahme in die Chemoambulanz müssen, gilt diese Regelung nicht. Für die Kosten dieser Fahrten musst du selbst aufkommen.

Familien- und Haushaltshilfe:

Die Diagnose Brustkrebs und die folgenden Behandlungen können dich in die Situation bringen, dass du dich nicht mehr ausreichend um deine Kinder und/oder den Haushalt kümmern kannst. In solchen Fällen kann ein Anspruch auf eine Haushaltshilfe bestehen, die dich bei den täglichen Aufgaben wie Einkaufen, Kochen, Reinigung der Wohnung und bei der Kinderbetreuung unterstützt. Lerne, Hilfe anzunehmen und Kräfte zu sparen!

Der Anspruch auf Haushaltshilfe besteht grundsätzlich dann, wenn die haushaltsführende Person den Haushalt nicht mehr weiterführen kann und ein Kind unter 12 Jahren im Haushalt lebt. Bei schwerer Krankheit ist eine Haushaltshilfe auch ohne ein im Haushalt lebendes Kind möglich. Sprich mit deinem Arzt, denn in der Regel ist ein ärztliches Attest erforderlich, das die Notwendigkeit der Unterstützung, die benötigte Stundenzahl und die Zeitdauer bescheinigt. Stelle dann einen Antrag bei deiner Krankenkasse.

Die Krankenkassen übernehmen die Kosten für eine Haushaltshilfe, wobei auch hier wieder eine Zuzahlungspflicht besteht. Diese beträgt mindestens fünf Euro und höchstens zehn Euro pro Tag.

Die Dauer des täglichen Einsatzes sowie der Umfang der Hilfe wird den individuellen Bedürfnissen angepasst.

Um die bestmögliche Unterstützung zu erhalten, solltest du rechtzeitig mit deiner Krankenkasse sprechen und dich über die genauen Voraussetzungen und das Antragsverfahren informieren.

Manchmal ist es schwierig, sofort eine Haushaltshilfe zu bekommen. Dann kläre mit deiner
Krankenkasse, ob du selbst eine Hilfe
organisieren kannst. Für Großeltern oder andere
Verwandte oder Verschwägerte werden keine Kosten
erstattet.

Der Schwerbehindertenausweis:

*„... und dann bringen Sie mir doch bitte ein Passbild mit, dann
beantrage ich für Sie einen Schwerbehindertenausweis. Als
Brustkrebspatientin erhält man den Ausweis für fünf Jahre
mit einem Grad der Behinderung von mindestens 50. Mit dem
Ausweis gehen einige Vorteile einher: mehr Urlaubstage,
erweiterter Kündigungsschutz, Rabatte, GEZ-Befreiung,
Steuervorteile",* sagt die Sozialarbeiterin im Brustzentrum, die
mich drei Wochen nach der Brustkrebs-OP – vor der Chemo –
zu einem Infogespräch eingeladen hat.
Die Brust-OP war zwar emotional schwierig, aber körperlich
habe ich sie deutlich besser weggesteckt, als ich es erwartet
hatte. Da ist ein Schwerbehindertenausweis doch mal eine
nette Geste, die der ganzen Sache eine größere Bedeutung
beimisst, als sie eigentlich hat – ein Bonbon. Körperlich
schlecht geht es mir ja wirklich nicht und eingeschränkt fühle
ich mich auch nicht. In einem halben Jahr ist die Therapie
abgeschlossen und ich mache in meinem alten Leben da weiter,
wo ich vor wenigen Wochen aufgehört habe.
...wie falsch ich die Situation zu diesem Zeitpunkt einschätzte,
ahnte ich nicht.

Die Brustkrebsdiagnose hinterlässt Spuren, körperliche und psychische. Tatsächlich ist am Ende der Akuttherapie niemand in der Lage, direkt in sein altes Leben einzusteigen. Zum anderen ist das Thema Krebs und die Nebenwirkungen nicht mit der Akuttherapie beendet. Nein, der Schwerbehindertenausweis ist kein Bonbon. Er soll die Nachteile, die durch die Krankheit entstehen, wenigstens ein wenig ausgleichen.

Eine Brustkrebserkrankung ist nicht nur eine körperliche und emotionale Herausforderung, sondern kann auch erhebliche Auswirkungen auf das tägliche Leben und die Arbeitsfähigkeit haben. In Deutschland kann man unter bestimmten Voraussetzungen einen Schwerbehindertenausweis erhalten. Dieser Artikel erklärt die Voraussetzungen, den Antragsprozess und die Vorteile eines Schwerbehindertenausweises bei Brustkrebserkrankung.

Voraussetzungen für den Schwerbehindertenausweis:

Ein Schwerbehindertenausweis kann in Deutschland beantragt werden, wenn der Grad der Behinderung (GdB) mindestens 50 beträgt.

Der Ausweis wird befristet für drei bis fünf Jahren ausgestellt.

Bei einer Brustkrebserkrankung hängt der GdB von verschiedenen Faktoren ab, darunter:

- **Stadium der Erkrankung**: Frühe Stadien haben in der Regel einen geringeren GdB als fortgeschrittene Stadien.
- **Art der Behandlung**: Operationen, Chemotherapie, Strahlentherapie und andere Behandlungen können den GdB beeinflussen.
- **Langzeitfolgen**: Chronische Schmerzen, Lymphödeme, Fatigue-Syndrom und andere langfristige Folgen der Erkrankung und ihrer Behandlung werden ebenfalls berücksichtigt.

Antragsprozess:

1. **Ärztliche Unterlagen sammeln**: Betroffene müssen medizinische Gutachten, Arztberichte und Entlassungsbriefe zusammenstellen, die die Diagnose, Behandlungen und deren Folgen dokumentieren.
2. **Antrag stellen**: Der Antrag auf Feststellung einer Schwerbehinderung wird bei der zuständigen Versorgungsverwaltung (in der Regel das Versorgungsamt) eingereicht. Der Antrag kann schriftlich oder online gestellt werden.
3. **Prüfung durch das Versorgungsamt**: Das Amt prüft die eingereichten Unterlagen und fordert gegebenenfalls zusätzliche Informationen an.
4. **Bescheid erhalten**: Nach der Prüfung erhalten die Antragsteller einen Bescheid, der den festgestellten GdB und gegebenenfalls weitere Merkzeichen enthält.

Vorteile des Schwerbehindertenausweises:

Ein Schwerbehindertenausweis bietet verschiedene Vorteile, die das tägliche Leben und die berufliche Situation von Betroffenen erleichtern können:

- **Kündigungsschutz:** Schwerbehinderte Menschen haben einen besonderen Kündigungsschutz im Arbeitsverhältnis.
- **Zusätzlicher Urlaubsanspruch:** Arbeitnehmer mit Schwerbehindertenausweis haben Anspruch auf zusätzliche Urlaubstage.
- **Steuerliche Vergünstigungen:** Es gibt verschiedene Steuererleichterungen, wie zum Beispiel den Pauschbetrag für behinderte Menschen.
- **Vergünstigungen im öffentlichen Leben:** Ermäßigungen bei Eintrittspreisen, Freifahrten im öffentlichen Nahverkehr und kostenlose Nutzung von Behinderten-parkplätzen.
- **Rehabilitationsmaßnahmen:** Verbesserte Zugänge zu Rehabilitationsmaßnahmen und medizinischer Versorgung.

Der Schwerbehindertenausweis kann für Brustkrebspatienten eine wertvolle Unterstützung sein, um die Herausforderungen im Alltag und im Berufsleben besser zu bewältigen. Es ist wichtig, den Antragsprozess gut vorzubereiten und alle erforderlichen medizinischen Unterlagen einzureichen. Betroffene sollten sich nicht scheuen, professionelle Beratung und Unterstützung in Anspruch zu nehmen, um ihre Rechte und Vorteile voll ausschöpfen zu können. Eine solche Beratung findest du zum Beispiel bei den Sozialdiensten in den Kliniken.

Teil 3
Die Therapie

Entdecke deine Optionen: Ein Leitfaden durch die vielfältigen Behandlungspfade von Brustkrebs

Im Rahmen der Voruntersuchung wurden zahlreiche Fragen beantwortet:

- Handelt es sich tatsächlich um einen Tumor?
- Ist dieser gut- oder bösartig?
- Welche Art von Brustkrebs liegt vor?
- Wo befindet sich der Tumor?
- Wie weit hat sich die Erkrankung entwickelt?

Die Voruntersuchungen sind abgeschlossen, der Tumor ist bewertet.

Spezialisten arbeiten zusammen

Mit diesen Daten geht dein behandelnder Arzt nun in die Tumorkonferenz, um eine weitere Frage zu beantworten:

Mit welcher Behandlung kann für dich der beste Erfolg erreicht werden?

Eine Tumorkonferenz ist eine interdisziplinäre Besprechung, bei der medizinische Fachkräfte verschiedener Disziplinen zusammenkommen. Sie entwickeln mit ihrem gemeinschaftlichen Wissen deinen individuellen Behandlungsplan.

An einer solchen Konferenz nehmen folgende
Fachleute teil:

- Onkologen: Spezialisiert auf
  Krebserkrankungen und deren Behandlung.
- Chirurgen: Experten für operative Eingriffe
  wie Tumorresektionen.
- Radiologen: Zuständig für die Bildgebung zur
  Diagnose und Überwachung des Tumorwachstums.
- Pathologen: Untersuchen Gewebeproben, um
  den Tumor zu charakterisieren und zu
  klassifizieren.
- Strahlentherapeuten: Entwickeln und
  verwalten Strahlentherapiepläne zur
  Behandlung von Brustkrebs.
- Krankenschwestern und Pflegepersonal:
  Bieten unterstützende Pflege und Ratschläge
  für Patienten.
- Psychologen oder Sozialarbeiter:
  Unterstützen Patienten und ihre Familien bei
  psychologischen und sozialen Bedürfnissen
  im Zusammenhang mit der Krebsbehandlung.

Nach der Besprechung wird dir der Arzt einen
Behandlungsplan empfehlen, der alle medizinischen
Aspekte berücksichtigt, und dem heutigen Stand
der Wissenschaft entspricht. Ein guter Arzt wird
mit dir auch über unterschiedliche Behandlungsoptionen reden, und somit deine persönlichen
Bedürfnisse in den Behandlungsplan mit
einbeziehen. Die Entscheidung für eine Therapie
ist immer eine gemeinsame Entscheidung zwischen
dir und deinen Ärzten.

Vertraue deinen Ärzten

Es geht um dich, deine Gesundheit, deinen Körper… aber du bist kein Mediziner, sondern betroffene Patientin und medizinischer Laie. Versuche nicht, die Last der Verantwortung für deinen Behandlungsplan allein zu tragen. Vertraue deinen Ärzten und deren Behandlungsvorschlag. Auch dieser kann im Laufe der Therapie noch abgeändert werden, wenn du merkst, dass es so doch nicht geht.

Solltest du ein ungutes Gefühl bei der Therapieempfehlung haben, so erbitte dir eine Bedenkzeit. So hast du die Zeit, dich nochmals besser zu informieren, bzw. dich mit Vertrauenspersonen oder anderen Betroffenen auszutauschen. Der Behandlungserfolg hängt nicht von ein paar Tagen Bedenkzeit ab. Es ist auch dein Recht, mit deinen Unterlagen einen anderen Arzt aufzusuchen und dir seine Meinung anzuhören (Zweitmeinung).

Der Weg durch die Akuttherapie

Der Weg durch die Akuttherapie hat viele Facetten und ebenso diverse Therapieansätze.
Die vier Grundsäulen der Therapie sind:

- Operation
- Chemotherapie
- Strahlentherapie
- Anschlusstherapien, wie zum Beispiel Antihormontabletten, Antikörperinfusionen, Bisphosphonate

Manche Frauen können aufgrund der Beschaffenheit des Tumors Abkürzungen nehmen, und die eine oder andere Behandlung ist nicht nötig. Viele Frauen durchlaufen jedoch alle Stadien. Die Reihenfolge variiert. Das Ziel jeder Therapie ist es, den Tumor vollständig zu entfernen, um eine dauerhafte Heilung zu ermöglichen (kurativ). Sollte die Erkrankung so weit fortgeschritten sein, dass Heilung nicht möglich ist, wird man versuchen, den Tumor möglichst lange zu „kontrollieren", um die Lebensqualität stabil zu halten (palliativ).

Ein Muss: Die Brustkrebs-Operation

Die Operation ist ein wichtiger Teil der Behandlung. Während der OP entfernt der Arzt den Tumor, plus einen Rand aus gesundem Gewebe, aus der Brust. Das Ziel ist es, alles Notwendige zu entfernen und gleichzeitig so viel Brustgewebe wie möglich zu erhalten. Bei dem Großteil aller Brustkrebspatientinnen kann „brusterhaltend" operiert werden.

Ob eine brusterhaltende OP möglich ist, hängt von folgenden Faktoren ab:

- **Von der Größe des Tumors**: Der Tumor darf im Verhältnis zur Brust nicht zu groß sein. Man spricht hier von der Brust-Tumor-Relation. Das heißt, je größer der Tumor, desto mehr wird entfernt. Bei einer großen Brust ist dies somit prozentual weniger als bei einer kleinen Brust.
- **Von der Lage des Tumors**: Der Tumor muss örtlich begrenzt sein. Das heißt, der Tumor darf nicht mit der Brusthaut oder der Brustwandmuskulatur verwachsen sein.
- **Von der Anzahl der Tumore**: Es sollten keine weiteren Tumoren in der Brust vorhanden sein und auch keine ausgedehnten Brustkrebs-vorstufen in den Milchgängen (DCIS).

Schon während der OP untersuchen die Ärzte unter dem Mikroskop das „im Gesunden" entfernte Gewebe auf Krebszellen, um möglichst sicherzugehen, dass auch Tumorreste, die mit dem bloßen Auge nicht sichtbar sind, entfernt wurden. Darüber hinaus wird das Gewebe, wie bei der Stanze, im Labor überprüft und nochmals ausgewertet. Manchmal hat der gesamte Tumor andere Werte als die kleine Gewebeprobe der Stanze. Hier findet also eine doppelte Absicherung statt. Manchmal werden bei der gründlichen Laboruntersuchung doch noch Krebszellen „im Gesunden" gefunden. Dann muss nach ein paar Tagen nochmals nachoperiert werden.

Der Krankenhausaufenthalt bei einer brusterhaltenden OP beträgt oft lediglich zwei bis drei Tage. Im Anschluss an diese brusterhaltende OP-Methode folgt immer eine Strahlentherapie.

Die Mastektomie – neue Erkenntnisse und Entscheidungskriterien für die vollständige Brustentfernung

Das Entfernen der gesamten Brust (Mastektomie) galt jahrzehntelang als Standardbehandlung bei Brustkrebs. Heute weiß man, dass brusterhaltende Operationen mit anschließender Bestrahlung kein höheres Rückfallrisiko darstellen als die komplette Entfernung der Brust. Radikalität gibt keine zusätzliche Sicherheit. Dennoch ist auch heute manchmal eine Mastektomie erforderlich. Dies kann notwendig sein:

- Bei einem DCIS, der einen erheblichen Bereich der Brust betrifft.
- Bei entzündlichem Brustkrebs (inflammatorisches Mammakarzinom).

- Wenn der Tumor bei vorausgegangenen Operationen nicht vollständig entfernt werden konnte.
- Wenn der Tumor sehr groß ist und sich auch nach einer der OP vorgeschalteten (neoadjuvanten) Chemotherapie nicht wesentlich verkleinert hat.
- Wenn eine Nachbestrahlung der Brust aufgrund früherer Bestrahlung nicht möglich ist.
- Wenn du als Patientin eine Strahlentherapie ablehnst.
- Vorsorglich, bei nachgewiesenem Gendefekt mit erhöhtem Brustkrebsrisiko.
- Wenn du als Patientin dir eine Mastektomie ausdrücklich wünschst.(Eine beidseitige Mastektomie wird in der Regel nur bei erblichem Brustkrebs gemacht. Ansonsten besteht aus medizinischer Sicht keine Notwendigkeit, beide Brüste zu entfernen, und die Krankenkassen verweigern somit sehr oft die Kostenübernahme).

Wichtig: Warum auch immer es so ist, wenn DU eine beidseitige Mastektomie wünschst, so besprich das mit deinem Arzt. Es gibt durchaus Möglichkeiten, eine medizinische oder psychische Begründung für eine Mastektomie der gesunden Brust zu erhalten. Du musst für dich entscheiden:
Was will ICH für mich.

Bei der Mastektomie gibt es unterschiedliche OP-Methoden – hier die zwei wichtigsten:

- **Die subkutane Mastektomie:** Bei dieser OP wird die Brustdrüse entfernt, die Haut und Brustwarze bleiben erhalten.
- **Die modifiziert radikale Mastektomie:** Entfernung der gesamten Brustdrüse mit der darüber liegenden Haut und der Brustwarze sowie Entfernung von Lymphknoten aus der Achselhöhle.

Der Wiederaufbau der Brust nach Mastektomie – falls gewünscht: Individuelle Optionen im Überblick

Der Wiederaufbau der Brust kann entweder sofort, also direkt in der gleichen OP, in der die Brust entfernt wird, oder zu einem späteren Zeitpunkt erfolgen. Es gibt grundsätzlich zwei Haupt-methoden für den Brustwiederaufbau:
Die Verwendung von Implantaten oder die Verwendung von körpereigenem Gewebe.

Brustimplantate sind mit Silikon gefüllte Formkissen, die entweder unter oder über dem großen Brustmuskel platziert werden. Manchmal ist es notwendig, zuvor einen Expander einzusetzen. Dies ist eine dehnbare Prothese, die nach erreichter Hautdehnung durch ein Implantat ersetzt wird.

Eine Alternative zum Silikonimplantat ist die Verwendung von körpereigenem Gewebe. Hierbei wird aus dem Rücken, Bauch oder Gesäß Haut, Unterhaut, Fett und Muskulatur entnommen und daraus eine neue Brust geformt.

Beachte: Diese OP ist deutlich aufwendiger als der Aufbau mit Silikon. Darüber hinaus entstehen auch Wunden und Narben an den Stellen, aus denen das Gewebe zur Brustrekonstruktion entnommen wurde.
Die Gefahr der Kapselfibrose, eine häufige Abwehrreaktion des Körpers auf den Fremdkörper Silikonimplantat, gibt es nicht.
Manche Frauen entscheiden sich auch komplett gegen einen Wiederaufbau.

Jedes Verfahren hat seine eigenen Vor- und Nachteile. Daher bedarf es einer guten und ausführlichen ärztlichen Beratung. Es gibt keinen richtigen oder falschen Weg. Es gibt nur deinen persönlichen Weg, der zu dir passt.

Nach deiner OP giltst du als krebsfrei.
Ein Zauberwort, das unendlich gut tut und für einen Moment viel Last nimmt.

Die unsichtbaren Narben: Ein Blick auf die seelischen Auswirkungen der Brustkrebs-OP

Brustoperationen, sei es eine brusterhaltende Operation oder eine Mastektomie, stellen oft eine immense psychische Belastung dar.

...und wieder tausend Fragen:

Welches ist bei meinem Tumor die richtige OP-Methode?

Welches ästhetische Ergebnis kann ich erwarten?

Habe ich nach der OP ggf. nur noch eine Brust?

Welche Möglichkeiten des Wiederaufbaus gibt es?

Wie wird sich meine Brust anfühlen?

Spüre ich noch etwas in der Brust?

Was macht das mit mir als Frau?

Wie wird mein Partner reagieren?

Stimmt es, dass Silikonbrüste kalt sind?

Und was ist, wenn mir das Ergebnis nicht gefällt oder ich erst später merke, dass ich damit so nicht klarkomme?

Entstehen eigentlich Kosten?

Habe ich bei einer Brustentfernung eigentlich noch eine Brustwarze oder einfach nur eine dicke Narbe als Mahnmal, da, wo vorher meine Brust war?

Fragen, die du vielleicht hast, aber dich nicht zu äußern traust. Immerhin geht es ja um das Thema: den Krebs überleben, krebsfrei leben. Wie es aussieht, ist zweitrangig. Ist das so? Ist das wirklich so?

Die Brust ist mehr als ein Körperteil. Sie symbolisiert gleichzeitig ein zentrales Merkmal des optischen Bildes einer Frau und der Weiblichkeit. Die sichtbare Veränderung der Brust durch Narben oder sogar der Verlust der gesamten Brust ist ein emotional schmerzhaftes Erlebnis und ein Angriff auf das Selbstbild, die Fraulichkeit und Attraktivität. Wie viele Leute schon vor der OP an deiner Brust herumgedrückt haben, sie begutachtet und angefasst haben, ist alleine schon eine Herausforderung für sich. Denn eigentlich hat die weibliche Brust ja auch etwas mit Intimität zu tun. Das scheint aber vorbei zu sein, sobald der Untersuchungs- marathon nach der Diagnose gestartet ist.

Da wird einem schnell bewusst, dass die körperliche Veränderung durch die OP weit mehr als ein chirurgischer Eingriff ist und sich vermutlich auch auf das Selbstbild, die Körperwahrnehmung, den körperbezogenen Selbstwert und die Sexualität auswirkt.

Schöne, neue Brüste auf Krankenkassenkosten – könnte ja ein kleiner Trost sein – aber die Realität sieht anders aus. Es gibt durchaus brusterhaltende Operationen, bei denen man, weil der Tumor winzig klein war und super gut lag, fast keine Veränderungen oder Narben. Daher sollte, allein aus optischen Gründen, die Chemo, wenn medizinisch nichts dagegen spricht, vor der OP gemacht werden. Oft verändert die Chemo die Größe des Tumors erheblich und daher auch die Menge des zu entnehmenden Gewebes. Je mehr Brust durch die OP entfernt wird, desto größer ist der optische Unterschied zur gesunden Brust. Wenn in einer Brust Silikon eingesetzt wird und die gesunde Brust die natürliche Form behält, liegt es nahe, dass ein Unterschied sichtbar ist. Hier ist eine operative Angleichung der gesunden Brust möglich, aber es bleibt ein Unterschied.

Eine Brust-OP bei einer Krebsdiagnose ist ein medizinischer Eingriff und eben nicht das Gleiche wie eine Schönheits- OP, bei der beide Brüste durch Schönheitschirurgen „optimiert" werden. Auch wenn beide Brüste entfernt und wieder aufgebaut werden, mag es optisch ein schönes Ergebnis geben. Das Körpergefühl und die Empfindung sind chirurgisch nicht herstellbar. Sie sehen aus wie Brüste, es sind aber Platzhalter.

… und täglich, wenn man in den Spiegel schaut, kommen die Erinnerungen und Gefühle, die die Diagnose Brustkrebs mit sich gebracht hat, hoch. Die körperlichen Narben der OP heilen in der Regel schneller als die psychischen Auswirkungen.

Es gibt keine Methode, den Prozess der Heilung drastisch zu beschleunigen. Es braucht Zeit - und du brauchst Menschen, die dies verstehen, die deine Gedanken und Sorgen verstehen.

Mehrere Optionen: Therapie maßgeschneidert

Die Diagnose Brustkrebs ist ein einschneidendes Ereignis und bringt viele Fragen und Unsicherheiten mit sich. Eine der wichtigsten Entscheidungen, die du gemeinsam mit deinem Ärzteteam treffen musst, ist die Wahl der Behandlung. Dein Arzt wird dir Nutzen, Chancen und Risiken nennen. Letztendlich ist es deine Entscheidung, welche Therapie du machen möchtest. Du hast immer das Recht auf eine ärztliche Zweitmeinung. Dies bedeutet, dass du eine zusätzliche Einschätzung von einem anderen Facharzt einholen kannst, wenn du unsicher bist, ob die vorgeschlagene Behandlung für dich richtig ist. Eine Zweitmeinung kann dir helfen, die Diagnose und die vorgeschlagenen Behandlungsmöglichkeiten besser zu verstehen. Danach kannst du mit mehr Sicherheit und Klarheit in den Behandlungsprozess gehen.

Manchmal sind die Tumordaten direkt auf der Grenzlinie zwischen Chemotherapie ja oder nein. Hier gilt es, Nutzen und möglichen Schaden der Chemotherapie abzuwägen. Eine wertvolle Entscheidungshilfe ist der erst seit wenigen Jahren eingesetzte Genexpressionstest.

Der Genexpressionstest:
Soviel Therapie wie nötig, so wenig Therapie wie möglich

Der Genexpressionstest bietet die Möglichkeit, die Wirksamkeit einer Chemotherapie vorherzusagen und unnötige Behandlungen zu vermeiden. Der Test analysiert die Aktivität bestimmter Gene in den Krebszellen. Dieser Test ermöglicht es den Ärzten, das individuelle Rückfallrisiko der Patientin zu bestimmen und die potenzielle Wirksamkeit einer Chemotherapie abzuschätzen.

Genexpressionstests sind oft verbunden mit der Hoffnung, dass der Tumor nicht so aggressiv ist, wie es nach den vorhandenen Daten erscheint. Oft wird diese Hoffnung erfüllt und man kann auf eine Chemotherapie verzichten. Es besteht aber ebenso die Möglichkeit, dass das Ergebnis des Tests zeigt, dass ein Tumor doch aggressiver ist als ursprünglich angenommen und dann eine Chemotherapie empfohlen werden muss.

Der Test wird üblicherweise an einer Gewebeprobe des Tumors durchgeführt, die während einer Biopsie oder Operation entnommen wurde. Auf Basis der labortechnischen Daten liefert der Test einen Risiko-Score zur Einschätzung des individuellen prognostischen Rückfallrisikos (Rezidiv) und der Möglichkeit der Ausbreitung (Metastasen).
Ein niedriger Score deutet darauf hin, dass das Rückfallrisiko gering ist und eine Chemotherapie und die damit verbundenen Nebenwirkungen nicht notwendig sind.
Ein hoher Score hingegen weist auf ein erhöhtes

Rückfallrisiko hin und unterstreicht die Notwendigkeit der Chemotherapie.

Voraussetzungen für die Anwendung des Tests:

- Hormonrezeptor-positiv, das bedeutet, der Tumor wächst hormonabhängig.
- HER2/neu negativ, das bedeutet, der Tumor bildet das HER2-Protein nicht oder nur in geringer Menge.
- Kein oder geringer Befall der Lymphknoten (N0) oder anderer Organe (M0).

Bei triple-negativen oder HER2-positiven Tumoren ist eine Chemo immer notwendig.

Eine Chance: Die Chemotherapie

Wieso eigentlich Chemo, wenn der Tumor doch wegoperiert wird? Reicht das nicht? Brustkrebs wird oft vereinfachend als eine Erkrankung der Brust wahrgenommen, als ein bösartiger Tumor in der Brust. Also ist es naheliegend zu schlussfolgern, sobald man den Tumor operativ entfernen lässt, ist man geheilt. Manchmal kann es auch so sein. Das Bedrohliche an Brustkrebs sind jedoch die Zellen, die sich vom Ursprungstumor lösen und sich durch das Blut- und Lymphsystem im Körper verbreiten. Diese Zellen können an anderen Stellen im Körper Tochtergeschwülste, sogenannte Metastasen, bilden. Brustkrebstumorzellen nisten sich überwiegend in der Leber, der Lunge, dem Gehirn und den Knochen ein. Daher ist Brustkrebs eine weit komplexere Erkrankung, als es auf den ersten Blick scheinen mag. Und daher ist oft eine Chemo nötig, denn nur diese wirkt systemisch, also auf den gesamten Körper.

Chemotherapie

Welche Bilder und Gedanken tauchen vor deinem inneren Auge auf, wenn du das Wort Chemotherapie hörst? Entspricht das der Realität?

Lass uns zusammen die vielfältigen Aspekte der Chemotherapie beleuchten - sowohl aus medizinischer Sicht als auch, wie sich diese Behandlung körperlich und psychisch auswirkt.

Was ist eine Chemotherapie?

Die Chemotherapie besteht aus mehreren kombinierten Medikamenten, sogenannten Zytostatika. Diese Medikamente konzentrieren sich nicht auf die Brust, sondern wirken im gesamten Körper. Sie gelangen per Infusion in die Venen/Blutbahnen und haben die Aufgabe, auf verschiedene Weisen den Prozess der Zellteilung bei Krebszellen zu beeinflussen, um deren Wachstum zu unterbinden oder ihre Vermehrung zu blockieren. Sie können ihre Wirkung am besten entfalten bei Zellen, die sich in der Teilung befinden. Krebszellen teilen sich oft schnell. Dein Ki-67-Wert gibt an, wie schnell sich deine Krebszellen teilen. Je höher der Ki-67-Wert, umso wirksamer die Chemo. Doch nicht nur Krebszellen teilen sich. Die Chemo unterscheidet nicht zwischen gesunden und veränderten Zellen. Zellen, die sich in der Teilung befinden, werden angegriffen. Daher ist diese Therapie auch von vielen Nebenwirkungen begleitet.

Wie lange dauert eine Chemotherapie?

Die Durchführung einer Chemotherapie erstreckt sich üblicherweise über mehrere Behandlungs-zyklen. Oft sind es ca. 16 Gaben/Zyklen mit unterschiedlichen Medikamentenkombinationen. Zwischen den einzelnen Zyklen sind Pausen von zwei bis drei Wochen, damit sich die Wirkung entfalten kann und der Körper auch Zeit hat, sich wieder zu erholen.

Ist Chemo gleich Chemo?

Die Auswahl der Chemotherapeutika basiert auf einer Vielzahl von Faktoren. Diese umfassen den Subtyp des Brustkrebses (z.B. Hormonrezeptor-positiv, HER2-positiv), das Stadium der Erkrankung, vorherige Behandlungen und den allgemeinen Gesundheitszustand der Patientin. In der Brustkrebsbehandlung mit Chemotherapie werden zurzeit drei Wirkstoffgruppen eingesetzt:

- Anthrazykline (wie Doxorubicin und Epirubicin)
- Taxane (wie Paclitaxel und Docetaxel)
- Platinsalze (wie Cisplatin und Carboplatin)

Jedes dieser Medikamente hat ein spezifisches Wirkprofil.

Verträglichkeit und Nebenwirkungen

Bei aller Sorgfalt, mit der eine Chemotherapie zusammengestellt und durchgeführt wird, bringen diese Wirkstoffe Nebenwirkungen mit sich: Übelkeit, Erbrechen, Schwindel, Haarverlust, Müdigkeit, ein erhöhtes Infektionsrisiko, Geschmacksveränderungen, Schleimhautentzündungen, Neuropathie. Die Nebenwirkungen unterscheiden sich von Patientin zu Patientin. Es ist nicht absehbar, welche Nebenwirkung in welcher Intensität bei dir auftritt. Du wirst nicht alle Nebenwirkungen bekommen, auch wenn es sich manchmal so anfühlt... und du wirst auch nicht von allen verschont bleiben. Jede Patientin wird sie unterschiedlich stark erleben und empfinden. Ein bisschen heißt es auch, Augen zu und durch.

Das heißt aber nicht, dass man die auftretenden Nebenwirkungen still über sich ergehen lassen muss. Es gibt viele Medikamente und Methoden, die dir die Therapie erleichtern. Informiere unbedingt deinen Arzt über deine Nebenwirkungen.

Chemotherapie konkret

Wenn du mitgerechnet hast, heißt es, du machst ca. sechs Monate eine Chemotherapie. Sechs Monate, in denen dein Körper einer harten Belastung ausgesetzt ist, denn die Chemotherapie hat durch ihre Wirksamkeit auch Nebenwirkungen. In diesen sechs Monaten wird dein Körper genauestens beobachtet. Keine Gabe einer Chemotherapie ohne vorhergehende Kontrolle deiner Blutwerte. Sind die Blutwerte nicht in Ordnung, wird die Chemo um eine Woche verschoben.

Nein, das heißt nicht, dass es dir jetzt sechs Monate am Stück schlecht geht. Es wird gute Tage geben und schlechte. Vermutlich sogar deutlich mehr gute Tage als schlechte... aber die schlechten Tage sind dann eben auch wirklich schlecht.

Konkret heißt Chemotherapie für dich, du fährst einen Tag vor deinem Chemotag ins Behandlungszentrum und dir wird Blut abgenommen. Alternativ kann das auch dein Hausarzt übernehmen. Wenn alles okay ist, kann die nächste Chemogabe starten. Da du nicht selbst mit dem Auto fahren solltest, erhältst du einen Taxischein. Das Taxi fährt dich zur Chemo und holt dich auch, sobald alle Infusionsbeutel durchgelaufen sind, wieder ab und bringt dich nach Hause. Die Chemo wird speziell für dich hergestellt und berücksichtigt deine persönlichen Daten. Die Laufzeit der Infusionen, mit Gabe der zusätzlichen Medikamente, die die Nebenwirkungen abfangen sollen, beträgt gut vier Stunden. Manchmal mehr, manchmal weniger. Du sitzt in dieser Zeit mit anderen Patientinnen im Chemotherapieraum auf bequemen, verstellbaren Stühlen. Die meisten Patientinnen haben einen Port, durch den die Medikamente per Infusion in den Körper gelangen. (Du findest im Buch einen Extrakapitel zum Thema Port.) Er macht alles so viel leichter!

Hier ein grober Überblick, was du so alles für dich zu deinem Chemotag mitnehmen solltest, damit es dir gut geht:

Ziehe bequeme Kleidung an, nimm eine Decke und ein Kissen mit, warme Socken, Handy, Ladekabel und Kopfhörer, etwas zu essen und zu trinken, vielleicht etwas zu lesen... oder mach einfach ein Nickerchen oder unterhalte dich mit den anderen Patientinnen.

Neoadjuvant vs. Adjuvant

Macht es nicht Sinn, den Tumor schnellstmöglich durch eine OP zu entfernen? Besteht nicht die Gefahr, je länger er im Körper ist, desto mehr hat er die Chance zu „streuen"? Warum nicht sofort raus??????? Warum noch warten? Die Psyche schreit – mach das weg – sofort! Doch wenn die Tumorbiologie zeigt, dass eine Chemo auf jeden Fall nötig ist, gibt es deutliche Vorteile, mit der Chemo statt mit der OP zu starten, ihn also neoadjuvant zu behandeln. Durch die Chemo wird der Tumor geschwächt und verkleinert.

Die Statistik zeigt, dass es bei etwa einem Fünftel aller Patientinnen sogar zu einem völligen Verschwinden des Tumors kommt. Man kann also bei regelmäßigen Ultraschallkontrollen deutlich sehen, wie die Chemo wirkt und der Tumor schrumpft. Sollte man in seltenen Fällen keine Verkleinerung beobachten, kann das Medikament gewechselt werden. So sieht man ganz individuell, wie die Wirkung der eingesetzten Zytostatika ist. Das motiviert dich sicherlich, die vielen Nebenwirkungen der Chemo psychisch besser wegzustecken.

Außerdem: Je kleiner der Tumor nach der Chemotherapie ist, desto höher ist die Chance auf eine brusterhaltende Operation. Sinnvoll ist diese Methode daher auf jeden Fall bei einem Tumor, der größer als drei cm ist bzw. generell in Situationen, in denen eine brusterhaltende Operation aufgrund der Tumorgröße vielleicht nicht möglich ist. Eine Entfernung der Brust kann somit auch bei ursprünglich großen Tumoren durch die Chemo häufig verhindert werden.

Wenn die Daten der Biopsie nicht eindeutig sind und nicht endgültig entschieden ist, ob eine Chemo notwendig ist, macht es Sinn, erst zu operieren und dann den Tumor nochmals vom Pathologen bewerten zu lassen oder einen weiteren Test durchführen zu lassen, wie hoch das Rückfallrisiko ist und wie notwendig die Behandlung mit einer Chemo ist. Eine Chemo nach der OP nennt man adjuvant – also unterstützend. Sie soll nach der vollständigen Entfernung des Tumors den Erfolg auf dauerhafte Heilung absichern, indem sie die möglicherweise versteckten, im Körper schlummernden Krebszellen abtötet und so ein späteres Anwachsen als Rezidiv oder Metastase verhindert.

Hoffentlich bleibt mir eine Chemo erspart – die Angst vor den Nebenwirkungen

Die Wirkung der Chemo steht außer Frage. Und dennoch hoffen viele, dass die Tumorwerte ergeben, dass er nicht mit einer Chemo behandelt werden muss. Die Sorge, was die Chemo wohl mit einem macht, ist groß... berechtigterweise. Wenn dir die Tumorkonferenz jedoch eine Chemotherapie aufgrund der Tumorwerte empfiehlt, ist dies deine riesige Chance, dauerhaft krebsfrei zu bleiben. Ja, Chemo ist keine Garantie. Eine Garantie gibt es bei Krebs nicht. Auch trotz Chemo kann ein Rezidiv entstehen oder können sich Metastasen bilden. Die Chemo ist aber die Chance, das Risiko von Metastasen drastisch zu reduzieren. Sobald sich Metastasen bilden und diese entdeckt werden, gilt man als Palliativpatientin. Das bedeutet, nach heutigem Stand der Wissenschaft, die Krankheit ist lebensverkürzend. Eine Heilung ist nicht mehr möglich. Du wirst in Dauerbehandlung sein. Das Ziel einer Heilung ist nicht mehr erreichbar. Jetzt heißt das Ziel, möglichst lange eine stabile, gute Lebensqualität zu erhalten. Wer eine nach Leitlinien empfohlene Chemotherapie ablehnt, muss also bereit sein, das Risiko einzugehen, eventuell später (oder schon bald) die Diagnose „Metastasen" zu erhalten... in aller Konsequenz.

Ich persönlich möchte mir nie vorwerfen, hätte ich mal, darum war es für mich außer Frage, alle empfohlenen Therapien zu machen, wohl wissend, dass die Nebenwirkungen es in sich haben.

Der Port: Unterstützung für deine Chemotherapie

Du hast dich gemeinsam mit deinem Ärzteteam entschieden, eine Chemotherapie zu beginnen. Chemomedikamente, auch Zytostatika genannt, werden als Infusionen über die Blutbahn zugeführt. Um die Venen nicht dauerhaft zu belasten, ist der Port eine ideale Unterstützung. Er erleichtert den Zugang zu den Venen und macht die Behandlung sowohl sicherer als auch komfortabler.

Was ist ein Port?

Ein Port besteht aus einer etwa drei Zentimeter großen Kammer aus Kunststoff oder Metall, einer Membran auf der Oberseite und einem flexiblen Schlauch. Der Port wird durch einen kleinen Eingriff, meist unter örtlicher Betäubung, komplett unter die Haut implantiert. Bei Brustkrebspatientinnen wird er meist unter das Schlüsselbein auf der gegenüberliegenden Seite der erkrankten Brust gelegt. Der dünne Schlauch wird in eine große Vene nahe des Herzens geschoben. Eine Röntgenaufnahme bestätigt die korrekte Position des Katheters.

Der Port liegt direkt unter der Haut, ist tastbar und meist als Erhebung sichtbar. Er ist sofort nutzbar, doch wird die erste Chemotherapie meist erst ein paar Tage später verabreicht, damit die Wunde der kleinen Operation erst heilen kann. Der Port bietet einen dauerhaften Zugang.

Vorteile eines Ports

Der Port bietet mehrere Vorteile:

- **Erleichterte Medikamentenverabreichung**: Ohne Port müssten Ärztinnen und Ärzte bei jeder Infusion eine Vene anstechen, was schmerzhaft und auf Dauer schädlich für die Venen sein kann.
- **Reduzierung von Venenreizungen**: Chemotherapie-Medikamente können die Blutgefäße stark reizen und zu Entzündungen führen. Der Port verringert dieses Risiko, da die Medikamente direkt in eine große Vene gelangen, wo sie sich schneller im Blutkreislauf verteilen und die Gefäßwände weniger belasten.

Bei der Chemotherapie wird der Port durch einen kurzen Stich mit einer sterilen Kanüle, der sogenannten Portnadel, angestochen. Über die dann in der Portkammer liegende Kanüle können die Chemotherapie, Begleitmedikamente oder andere Infusionen zugeführt werden. Nach jeder Benutzung muss der Port gespült werden, um Verstopfungen zu verhindern.

Alltag mit einem Port

Der Port ist unter der Haut vor äußeren Einflüssen geschützt. Oft, wenn die Wunde der kleinen Operation noch frisch ist, kann es zu Beeinträchtigungen und Einschränkungen kommen, aber in den meisten Fällen verschwinden diese schnell. Nach dem Abheilen der Wunde kann man problemlos duschen, baden und Sport treiben. Nach der Operation erhältst du einen Portpass.

Aus medizinischer Sicht kann der Port beliebig lange im Körper bleiben. Ob du ihn nach der Chemotherapie entfernen lässt, ist eine persönliche Entscheidung. Hier gibt es verschiedene Haltungen:

- „Ich lasse den Port sofort nach der Therapie entfernen – ich brauche ihn nicht mehr. Die Therapie ist abgeschlossen."
- „Er stört nicht, also warum rausnehmen?"
- „Ich lasse ihn vorsichtshalber drin, denn sollte der Krebs zurückkommen, kann er wieder genutzt werden."

Mein Port war mein Freund und Unterstützer in der Chemotherapiezeit. Doch nach der Chemo ließ ich ihn in einer kleinen ambulanten Operation unter örtlicher Betäubung entfernen. Mir war es wichtig, mental mit dem Thema abzuschließen und wahrzunehmen, dass das Thema Brustkrebs medizinisch abgeschlossen ist. Ich bin heute krebsfrei... und sollte der Krebs doch noch einmal zurückkommen und ich nochmals eine Chemotherapie benötigen, dann ist das Implantieren eines neuen Ports wohl mein kleinstes Problem.

Was bleibt, ist eine etwa drei cm große Narbe am Schlüsselbein.

Die Chemo wirkt, aber sie hat Nebenwirkungen

Manche Nebenwirkungen treten sicher auf, manche nur vielleicht. Du wirst während der Chemozeit nicht sechs Monate lang schlechte Tage haben, aber du wirst sie immer mal wieder haben – mal intensiver, mal weniger stark. Als Beispiel: Bei den ECs, die in der Regel alle drei Wochen gegeben werden, denkst du möglicherweise zunächst, hoffentlich wirkt es überhaupt, ich spüre ja gar nichts. Nach zwei bis drei Tagen sind die ersten Nebenwirkungen da. Da geht es dir ein paar Tage nicht gut.

Ich hatte Schwindel. Ich lief, als hätte ich zu viel Alkohol getrunken und so fühlte es sich auch im Kopf an.

Ich war müde und alles schmeckte irgendwie fies.

In der zweiten Woche wird es täglich besser. Oft fühlt man sich wieder richtig fit… das ist auch gut so, denn genau jetzt erhältst du die nächste Chemo.

So war es bei mir. Und ja, so kann es auch bei dir sein - es kann aber auch ganz anders sein.

Die häufigsten Nebenwirkungen einer Chemo

Veränderte Blutwerte:

Besonders empfindlich reagiert das blutbildende Knochenmark auf die Chemo. Daher wird vor jeder Chemogabe ein kleines Blutbild gemacht. Besonders wichtig ist das Achten auf die weißen Blutkörperchen, denn die weißen Blutkörperchen regeln die Infektionsabwehr. Die roten Blutkörperchen versorgen die Organe mit Sauerstoff. Bei zu starker Abnahme kommt es zur Blutarmut. Die Blutplättchen sorgen für die Blutgerinnung. Bei zu geringem Wert schafft der Körper es bei Verletzungen nicht, die Blutung zum Stillstand zu bringen.

Blutwerte:

- **Erythrozyten (rote Blutkörperchen)**
    - Normal: Frauen: 12 – 15 g/dl
    - Bedenklich: unter 10 mg/dl
- **Leukozyten (weiße Blutkörperchen)**
    - Normal: 4.000 – 11.000/µl
    - Bedenklich: unter 3.000/µl
- **Thrombozyten (Blutplättchen)**
    - Normal: 150.000 – 400.000/µl
    - Bedenklich: unter 50.000/µl

Bei bedenklichen Blutwerten wird die Chemodosis angepasst oder die Chemo verschoben, bis die Blutwerte sich erholt haben.

Das kannst du tun:

Versuche, möglichst jede Infektionsgefahr zu vermeiden!

Reduziere deine Kontakte.

Nutze keine öffentlichen Verkehrsmittel.

Meide Personen, die erkältet oder erkrankt sind.

Bakterien, Pilze und Viren, die dein Körper sonst gut abwehren kann, können während der Chemo gefährlich sein.

Vermeide daher ebenso den Kontakt mit verunreinigten Gegenständen und auch Gartenarbeit.

Besonders groß ist die Ansteckungsgefahr circa 8-14 Tage nach der Chemotherapie. In diesem Zeitraum ist die Zahl der Leukozyten oft sehr niedrig.

Sollte Fieber auftreten, bitte sofort deinen Arzt oder deine Ärztin informieren.

Magen, Darm, Mundschleimhäute… Alles reagiert

Symptome: Übelkeit, Erbrechen, Appetitlosigkeit, Durchfall

Ständige Übelkeit und Erbrechen sind besonders gefürchtete Nebenwirkungen der Chemotherapie. Die Medizin hat große Fortschritte gemacht und es gibt gute Medikamente gegen diese Nebenwirkungen. Bereits vor oder bei der Chemo werden dir begleitend Medikamente per Infusion gegeben, die die Übelkeit erst gar nicht aufkommen lassen. Darüber hinaus erhältst du Tabletten für die Folgetage zu Hause. Manche Kliniken geben ihren Patientinnen auch Spritzen mit, die du dir dann selbst setzen muss. Sollten die Medikamente nicht so wirken wie erwünscht, teile es sofort deiner

dich begleitenden Onkokrankenschwester mit.
Es gibt inzwischen eine ganze Bandbreite an
wirksamen Antiemetika.

Das kannst du tun:

- Etwas vor der Chemo essen
- Kaugummi kauen
- An Aromaölen wie Zitrone und Minze riechen
- Ingwertee trinken oder Ingwerextrakt einnehmen
- Eiswürfel aus Pfefferminztee lutschen
- Meide bittere Lebensmittel
- Meide Kohlensäure
- Das Begleitmedikament ändern, es gibt auch für dich das richtige Medikament, das hilft
- Iss kleine Mahlzeiten und beobachte, wie es dir geht
- Gehe an die frische Luft
- Bei auftretender Übelkeit: langsam ein- und ausatmen

In der Chemozeit kann dir schon so mancher Geruch zu viel sein. Halte es nicht aus. Geh einfach weg. Auch kann es während der Chemozeit zu Geschmackveränderungen kommen. Alles schmecke gleich oder nach Pappkarton, auf jeden Fall anders als zuvor. Manche Frauen sagen auch, alles schmeckt irgendwie metallisch. Versuche mal, ob es besser wird, wenn du Plastikbesteck benutzt. Grundsätzlich kannst du essen, worauf du Appetit hast, mit der Ausnahme von Grapefruit.

Mein persönlicher Tipp: Wenn dein Lieblingsessen nicht schmeckt, isst es für den Rest der Chemo nicht mehr, denn es kann sein, dass dir die Lust darauf so vergeht, dass du es anschließend auch nicht mehr magst. Das wäre ja schade.

Veränderung der Schleimhäute

Die Chemotherapie greift die Schleimhäute des Körpers an. Mund-, Nase-, Augenschleimhäute und auch die vaginalen Schleimhäute sind oft gereizt, trocken oder entzündet. Durch das geschwächte Immunsystem können Krankheitserreger im Bereich der angegriffenen Schleimhäute Infektionen auslösen.

Mundschleimhäute:

Durch die Mundtrockenheit entstehen im Mund- und Rachenraum Entzündungen, wunde Stellen oder kleine Geschwüre. Diese Beschwerden erschweren das Essen und Trinken.

Das kannst du tun:

- Suche vor Beginn der Chemotherapie einen Zahnarzt auf, um alle notwendigen Behandlungen durchführen zu lassen und um die Zähne nochmals professionell zu reinigen. Damit kannst du zahnärztliche Eingriffe während der Chemotherapie vermeiden und mögliche Komplikationen minimieren.
- Achte während der Chemozeit ganz besonders auf die Mundhygiene. Benutze eine weiche Zahnbürste und eine fluoridreiche Zahnpasta.

- Spüle den Mund nach den Mahlzeiten mit ungesüßtem Fenchel-, Kamille- oder Salbeitee oder benutze spezielle Mundspülungen.
- Vermeide harte, saure, scharfe und sehr heiße Speisen.
- Vermeide Alkohol und Zigaretten.
- Trinke viel Wasser oder ungesüßte Tees und lutsche Eiswürfel mit gefrorenen Ananasstücken, um die Mundschleimhaut feucht zu halten.
- Lutsche zuckerfreie Bonbons, die die Speichelbildung anregen.
- Halte mit Lippencremes die Lippen geschmeidig.

Nasenschleimhäute:

Die Nasenschleimhäute können ebenfalls trocken und gereizt werden, was zu Nasenbluten und einem unangenehmen Trockenheitsgefühl führt.

Das kannst du tun:
- Nasensprays mit Meerwasser oder speziellen pflegenden Inhaltsstoffen können helfen, die Nasenschleimhaut feucht zu halten.
- Nutze Nasenbalsam.
- Achte auf die ausreichende Luftfeuchtigkeit in deiner Wohnung.
- Vermeide rauchige und staubige Umgebungen.

Augenschleimhäute:

Trockene, gereizte Augen führen zu Brennen, Jucken und Rötungen. Manchmal kann es auch zu vermehrtem Tränenfluss kommen, wenn die Augen versuchen, die Trockenheit auszugleichen. Die Sehschärfe kann sich verändern.

Das kannst du tun:

- Augentropfen ohne Konservierungsmittel können die Augen befeuchten und Reizungen lindern. Trage bei windigem Wetter oder bei starker Sonneneinstrahlung eine Sonnenbrille, um die Augen zu schützen.
- Vermeide, die Augen zu reiben, um zusätzliche Reizungen zu vermeiden.
- Auch wenn du das Gefühl hast, schlechter zu sehen, brauchst du vorerst keine neue Brille in veränderter Stärke. Meist erholen sich die Augen nach der Chemozeit recht schnell und die Nebenwirkung bildet sich zurück.

Harnwegentzündung:

Nichts schmerzt so sehr wie eine Blasenentzündung. Die Ursache ist, wie bei vielen Nebenwirkungen der Chemo, das geschwächte Immunsystem und die damit verbundene gestörte natürliche Barrierefunktion, was Bakterien das Eindringen erleichtert und Infektionen verursacht.

Anzeichen einer Harnwegsinfektion:

- Häufiger Harndrang und das ständige Bedürfnis, die Blase zu entleeren, auch wenn nur kleine Mengen Urin ausgeschieden werden.
- Schmerzen oder Brennen beim Wasserlassen.
- Trüber oder ungewöhnlich gefärbter Urin (Achtung: während der Epirubicin (EC)-Chemo verfärbt sich dein Urin rötlich. Das ist kein Blut, sondern das Chemomedikament, das auch orange-rot ist).
- Schmerzen im Unterbauch oder Rücken.
- Fieber und Schüttelfrost.
- Inkontinenz: Ein ungewollter Harnabgang durch plötzlichen Harndrang oder beim Husten. (Keine Sorge, das normalisiert sich wieder nach der Chemozeit).

Das kannst du tun: Tipps zur Linderung

- Medikamentöse Prophylaxe: Mit der Chemo erhältst du vorbeugend einen Blasenschutz.
- Trinken, trinken, trinken – Wasser und ungesüßten Tee
- Sofort bei ersten Anzeichen deine Onkokrankenschwester informieren. Nein, nicht bis zur nächsten Chemo oder Blutabnahme warten – sofort!
- Eine gute persönliche Hygiene im Genitalbereich – verwende milde Seifen.
- Gehe alle zwei Stunden auf die Toilette, um die Ansammlung von Bakterien zu vermeiden.

Empfindungsstörungen, Neuropathie und Krämpfe

Manche Zytostatika schädigen das Nervengewebe oder die Muskeln. Neuropathie, die Schädigung der Nerven, ist eine häufige Nebenwirkung der Chemotherapie. Sie kann zu Empfindungsstörungen führen, die sich in Form von Taubheitsgefühlen, Kribbeln oder Brennen in den Händen und Füßen äußern. Diese Symptome können nicht nur unangenehm sein, sondern auch die alltäglichen Aktivitäten beeinträchtigen.

Die Ursache liegt darin, dass bestimmte Chemotherapeutika neurotoxisch wirken, das heißt, sie schädigen die peripheren Nerven, die für die Übertragung von Signalen zwischen dem zentralen Nervensystem und dem Rest des Körpers verantwortlich sind. Diese Schädigungen können vorübergehend oder, in einigen Fällen, auch dauerhaft sein.

Krämpfe:

Krämpfe sind eine weitere mögliche Nebenwirkung der Chemotherapie. Sie treten häufig in den Beinen oder Füßen auf und können plötzlich und schmerzhaft sein.

Neuropathie - Vorbeugen mit Kälte - Hilft es?

- **Kühlung der Hände und Füße während der Chemotherapie:** Besonders bei der Behandlung mit Paclitaxel (Pacli) hat sich gezeigt, dass das Kühlen der Hände und Füße während der Chemotherapie helfen kann, das Risiko für Neuropathie zu reduzieren. Verwende dafür spezielle Kühlhandschuhe und -socken, die du während der Infusion trägst. Durch die Kälte verengen sich die Gefäße, die Durchblutung in den Händen und Füßen wird reduziert, sodass weniger des Chemotherapeutikums in die Nerven gelangt.

Die aktuellen Leitlinien zur Diagnostik und Therapie verschiedener Krebserkrankungen erwähnen keine Kältetherapie zur Vorbeugung einer Neuropathie. Die Arbeitsgemeinschaft Gynäkologische-Onkologie spricht sich hingegen für regelmäßiges Bewegungstraining der Finger und Zehen aus.

Tipp: Um die Nervenfunktion anzuregen, nutze einen Igelball oder lass dir die Hände und Füße massieren.

Behandlung bei bestehender Neuropathie:

- **Physiotherapie:** Ein Physiotherapeut kann spezielle Übungen und Behandlungen anbieten, die helfen, die Symptome der Neuropathie zu lindern und die Muskelkraft zu verbessern. Massagen können ebenfalls hilfreich sein, um die Durchblutung zu fördern und Krämpfe zu reduzieren.

- **Ergotherapie**: Ergotherapeuten können Techniken und Hilfsmittel empfehlen, um den Alltag mit Empfindungsstörungen zu erleichtern. Dies können spezielle Übungen zur Verbesserung der Feinmotorik bei Neuropathie in den Händen oder Gleichgewichtstraining bei Neuropathie in den Füßen sein.
- **Elektrotherapie**: TENS ist ein Gerät, durch das sanfte elektrische Impulse fließen, die die Nerven stimulieren. Es hilft kurzfristig, Schmerzen zu lindern.
- **Medikamente**: Abhängig von den Symptomen kann im Einzelfall die Gabe von Medikamenten wie Alpha-Liponsäure, Opioiden, Opiaten, Amitriptylin, Gabapentin oder Pregabalin Linderung schaffen.
- **Schutz der Extremitäten**: Achte darauf, Hände und Füße vor extremen Temperaturen zu schützen, um zusätzliche Nervenschäden zu vermeiden.

Finger- und Fußnägel: Chemonägel

Durch die Behandlung mit Zytostatika können vorübergehend die Nägel leiden. Sie werden dünn, brüchig, splittern, haben Rillen oder Dellen. Sie können sich auch verfärben, lila oder schwarz werden, und in seltenen Fällen lösen sie sich vom Nagelbett und fallen ab. Das Tragen von dunklem Nagellack kann gegebenenfalls vor diesen vorübergehenden Nebenwirkungen schützen.

Sichtbare Nebenwirkung: Haarverlust

Ein Thema, das sich nicht nur um Fakten dreht, sondern viel mit Emotionen zu tun hat. Eine Chemotherapie zerstört die Zellen, die sich wie Krebszellen schnell teilen. Dazu gehören leider auch die Haarwurzeln.

Nähern wir uns diesem emotionalen Thema zunächst langsam und sachlich.

Die Chemomedikamente (Zytostatika) wirken auf schnell wachsende und sich häufig teilende Zellen. Dazu gehören u.a. auch die Haarwurzelzellen.

Verursacht jede Chemo Haarverlust? Nein!

Nicht jedes Zytostatikum führt automatisch zu vollständigem Haarverlust. Es hängt davon ab:

- Welches Medikament verwendet wird
- In welcher Dosierung
- In welchem Zeitabstand
- Und auf welche Art es dem Körper verabreicht wird – also über die Vene oder als Tablette.

Aber: Als Brustkrebspatientin musst du dich darauf einstellen, dass deine Medikamentenkombinationen zum vollständigen Haarverlust führen.
Der Haarverlust beginnt meist zwei bis drei Wochen nach der ersten Chemositzung. Sei dir unbedingt bewusst, dass es eine vorübergehende Nebenwirkung ist. Am Ende deiner Chemozeit beginnen die Kopfhaare wieder nachzuwachsen, zunächst als Flaum, teilweise gelockt. Andere Körperhaare benötigen mehr Zeit, um wieder zu wachsen.

Deine Krankenkasse unterstützt dich beim Umgang mit deinen sichtbaren Veränderungen, die deine Krebsbehandlung mit sich bringt. Du kannst dir von deinem Arzt schon vor Beginn des ersten Chemozyklus ein Rezept für eine Perücke ausstellen lassen.

Manchmal fühlst du anders als du denkst

Ich bin keine Freundin von Schmerztabletten – jede Einnahme überlege ich gut und wäge ab, ob es wirklich notwendig ist. Diese Einstellung habe ich mit der Diagnose Brustkrebs notwendigerweise über Bord geworfen.

Ich wusste, dass Chemo nichts anderes als eine gut kontrollierte Giftzufuhr ist. Gift, das dem Körper schadet und man dies sachlich als „Nebenwirkungen" beschrieben wird. (Und Nebenwirkungen hatte die Chemo mehr, als ich ahnte.) Wenn die Tumordaten zeigen, eine Chemo ist notwendig, dann ist genau diese Chemo ggf. das Zünglein an der Waage, ob ich in der 5-Jahres-Statistik zu den 80 % Überlebenden gehöre oder ob ich an den Folgen / Metastasen sterbe. Ja, Chemo ist dennoch keine Garantie, aber es ist die einzige Chance, die möglicherweise bereits im Körper verteilten geschädigten Zellen daran zu hindern, sich an anderen Stellen im Körper festzusetzen, zu wachsen und mein Leben zu bedrohen.

Nebenwirkung Haarverlust – ja, das war ich bereit hinzunehmen.
Ich dachte, das macht mir wenig. Ich bin ja nicht eitel.

Ich kannte mich nur mit roten, glatten Haaren. Pagenschnitt, in unterschiedlichen Längen, immer Pony, also im Prinzip immer etwas anders und doch immer ähnlich, halt ICH. Erstmals komisch wurde mir, als ich nur prophylaktisch nach einem Perückenrezept fragte und einen Termin im Haarstudio machte. Bei der Frage, eine Perücke so wie meine jetzige Frisur oder mal etwas ganz anderes, dachte ich kurz, das wäre ja eine gute Gelegenheit, mal lange blonde Haare zu haben. Doch war mir im gleichen Moment klar, das bin ich doch nicht. Ich wollte etwas, womit ich mich identifizieren kann. Dass das eine Perücke nur optisch kann und dass Haarverlust etwas ganz anderes bedeutet, was keine Perücke regulieren kann, war mir nicht bewusst. Und vorweggenommen: Alle, die mich mit Perücke gesehen haben, sagten, man sähe ja gar nicht, dass es eine Perücke sei. Du siehst aus wie immer. Ja, so einfach lässt sich vielleicht ein Auge einer außenstehenden Person täuschen. Meine Psyche sah genauer hin.

Vorsorglich bin ich zwei Wochen nach der ersten Chemo zum Friseur gegangen. „Bitte eine nette Kurzhaarfrisur." Ich dachte, so könnte ich mich langsam an den bevorstehenden Haarverlust gewöhnen. Und ich dachte auch insgeheim, kurze Haare seien leichter als längere Haare, vielleicht fielen kurze Haare später aus als längere. Selbsttäuschungsversuch misslungen. Die von mir selbst gewählte Kurzhaarfrisur war ebenso unfreiwillig wie der folgende Haarverlust. Bereits einen Tag später durfte ich die Haare nicht mehr berühren, ohne sie büschelweise zwischen den Fingern zu haben. Körperlich tut es nicht weh, es geht wie von selbst. Der Haarverlust war definitiv nicht mehr zu stoppen… und es tat doch weh, nur anders.

Da ich einen guten Freund habe, der Friseur ist, habe ich mich zum Abendessen am gleichen Tag eingeladen. Wir haben *gegessen, ein Glas Wein getrunken, erzählt, gelacht und als ich mich stabil fühlte, habe ich allen Mut zusammengenommen und gesagt: „Hol mal den Rasierer und stell ihn auf 5 Millimeter."*

In mir gibt es so ein kleines, blödes Tapferkeitsgen. Mir war zum Heulen, ich habe es aber nicht getan.

Von wegen nicht eitel – schlimmer. Ich fühlte mich meines Ichs beraubt. Diese Frau da im Spiegel war ich nicht, bzw. ich konnte sie auch nicht mit meinem optischen Selbstbild unter einen Hut bringen.

Apropos Hut – ich brauchte nette Tücher und Mützen. So mochte ich von niemanden gesehen werden – so wollte ich mich selbst (noch) nicht sehen. Egal, was man über das Tapfersein sagt. Ich verliere hier gerade mehr als Haare. Ich verliere gerade meine Selbstbestimmtheit und mein Selbstbild und tatsächlich auch Selbstvertrauen. Körperlich ging es mir in den letzten zwei Wochen eh schon richtig schlecht, ohne es zugeben zu wollen. Ich fühlte mich wie dauerbetrunken. Jeder Schritt musste bewusst vom Kopf gesteuert werden. Und jetzt noch das.

Die Person, die mir dort aus dem Spiegel entgegen blickt, sah fremd aus und fühlt sich auch fremd an. Somit hatten die Nebenwirkungen der Chemo über den Spiegel den direkten Weg zu meiner Psyche erreicht. Ohne diese optische Veränderung hätte ich den Kraftakt, es ist alles nicht so schlimm, noch weiter aufrechterhalten können. Das war es.

Ich konnte weder anderen noch mir weiter vormachen, es sei nicht so schlimm. Und das war auch gut so.

Meine Perücke habe ich „draußen" über einen kurzen Zeitraum getragen. Sie war mein Schutzschild in der Zeit, in der ich mich selbst erst einmal in Ruhe mit den vielen neuen Situationen auseinandersetzen wollte. Sie konnte kurzzeitig Halt und Schutz bieten. Es blieb aber immer ein bisschen „tun als ob." Für mich fühlte sich das Tragen der Perücke sehr schnell wie das Tragen einer Maske an.

Schneller als nach diesen Zwischenfällen zu vermuten war, kam die Zeit, in der ich akzeptieren konnte, jetzt vorübergehend eine Glatze zu haben. Das lief im Übrigen nicht parallel mit dem bleibenden Gefühl von stetigen Veränderungen – den sichtbaren und den unsichtbaren.

Warnung: Das, sich optisch nicht wiedererkennen, bleibt auch noch lange, nachdem die Haare schon wieder fleißig wachsen. Meine Haare sind zunächst etwas gelockt, aber ohne Farbe zurückgekommen. Die Locken sind verschwunden, aber meine Haarfarbe kam nie zurück. Ich selbst habe lange gebraucht, es innerlich abzunicken, wenn ich mich auf Fotos sehe, und zu sagen, ja, das bin ich. Immer wieder passiert es, dass Leute mich nicht erkennen.

Dabei sieht man nur die optischen Veränderungen. Es hat sich viel viel mehr verändert.

Mein Fazit: Die Haare gehen aus. Ja, das schmerzt, auch wenn du sicher das ein oder andere Mal hörst, „Es sind ja nur Haare" oder „Die kommen wieder." Die fehlenden Haare sind ein sichtbarer Teil der Veränderungen deiner Krebserkrankung. Veränderungen, die du nicht wolltest und mit denen du nun aber umgehen musst.

Haarverlust bedeutet, etwas von seinem vertrauten Ich, seiner Identität, einzubüßen... plus ein Stück Selbstbestimmtheit zu verlieren. Als Frau eine Glatze zu haben, ist ein deutliches Symbol, von allen sogleich als an Krebs erkrankte Frau identifiziert zu werden. Das ist schmerzvoll, denn die anderen Rollen in unserem Leben, unser Sein in der Gesamtheit, was uns ausmacht, verblassen. Für eine lange Zeit verschwinden alle Facetten unseres Seins hinter den Veränderungen, die mit der Diagnose Brustkrebs einhergehen. Veränderungen, die einfach geschehen, ohne dass man sie selbst entschieden oder herbeigeführt hat. Tatsächlich ist es hilfreich, sich ganz bewusst mit diesen Veränderungen auseinanderzusetzen. Frauen, die sich die beängstigende Frage stellen, ob sie jemals wieder in den Spiegel schauen und darin sich selbst erkennen, möchte ich mit auf den Weg geben, dass es wichtig ist, Geduld zu haben.

Tipp: Meine Chemo begann im Frühling – da war es teilweise "oben ohne" recht kalt. Daher ist es sinnvoll, sich Mützen oder Tücher zu kaufen, denn ganz nackelig am Kopf kann es verdammt frisch sein. Die Kopfhaut ist sehr empfindlich. Achte auf weiche Materialien. Tücher aus Baumwolle lassen sich leichter binden als aus Seide. Anleitungen zum Binden findest du auf YouTube.

Mach das, was sich für DICH richtig anfühlt.

Schütze deine empfindliche Kopfhaut mit Sonnencreme mit hohem Lichtschutzfaktor vor Sonnenstrahlen und nutze parfümfreie Seife zum Waschen.

sichtbare
Veränderungen

...und es ist noch immer nicht Schluss

Wenn du dich ganz gut an die Glatze gewöhnt hast, die Chemos fast alle durch sind und du schon leise hoffst, Augenwimpern und Augenbrauen bleiben, dann gehen auch diese noch aus. Wenn man je gedacht hat, mit Glatze sieht man krank aus, dann wird man jetzt eines Besseren belehrt. Ohne Wimpern und Augenbrauen sieht man aus wie Tod auf Socken.

Hier der Spruch meines Mannes:
„Alle Haare sind weg, nur die auf den Zähnen sind geblieben."
„Ja, zum Glück – wenigstens etwas."

Look good – feel better

Brustkrebs ist nicht nur ein Angriff auf den Körper. Diagnose und Therapie sind für viele Frauen auch ein Angriff auf ihr Frau sein, sich als Frau zu sehen, zu fühlen und zu erleben. Das in einem Tempo, in dem du dich unmöglich emotional darauf vorbereiten kannst. So gehen die Haare in der Regel schon zwei Wochen nach der ersten Chemotherapie aus.

Es mag durchaus Außenstehenden so erscheinen, als sei das Aussehen/der Verlust der Haare bei einer Krebstherapie ja wohl die kleinste Sorge, immerhin kommen sie ja wieder, und dennoch, Haarverlust ist ein Verlust, der berührt, verändert und verunsichert. Die Organisation DKMS Life bietet seit vielen Jahren online oder auch in vielen Krankenhäusern vor Ort spezielle Kosmetikseminare für Frauen an, die sich aktuell

wegen ihrer Brustkrebsdiagnose in einer Chemo-
oder Strahlentherapie befinden. Ziel ist es,
Lebensmut zu schenken, indem man durch viele
praktische Tipps erhält, wie man sich in der
Behandlungszeit so schminkt, dass man sich trotz
Glatze schön und fraulich fühlt. Darüber hinaus
erhalten alle Teilnehmerinnen kostenlos eine
prall gefüllte Kosmetiktasche, sodass man sofort
loslegen und ausprobieren kann. Die Seminare sind
klasse und machen wirklich Spaß.

Kann ich nicht doch durch das Tragen einer Kühlkappe den Haarverlust vermeiden?

Durch das Tragen einer eng am Kopf anliegenden
Kühlkappe während und nach der Chemotherapie-
Sitzung (sprich für ca. Sechs Stunden), wird die
Kopfhaut auf drei bis fünf Grad heruntergekühlt.
Durch die Kälte verengen sich die Blutgefäße der
Kopfhaut. Hierdurch dringt das Chemomedikament in
deutlich geringerer Konzentration bis zu den
Haarwurzeln vor und kann somit nicht seine volle
Wirkung entfalten und entsprechend entstehen
ebenso weniger Nebenwirkungen, also weniger
Haarverlust.

Langfristige wissenschaftliche Studien über
Wirkung und Nebenwirkungen liegen noch nicht vor.

Erste Studien des Herstellers der Kühlkappen
haben ergeben, dass durch das Tragen der
Kühlkappe, also dem Herunterkühlen der Kopfhaut,
der Haarverlust bei jeder zweiten Frau verringert
werden kann.

Frauen, die unter Migräne leiden oder kälteempfindlich sind, wird von der Kühlung des Kopfes abgeraten.

Die Kopfhautkühlung ist keine Kassenleistung. Das bedeutet, dass die Patientinnen die Kosten der Behandlung von ca. 100 € pro Chemositzung selbst tragen müssen.

Spieglein, Spieglein an der Wand, wer ist… wer ist diese Frau?

Ich bin dankbar, wenn der Spiegel nach dem Duschen beschlagen ist. Ich möchte es gar nicht sehen. Denn was ich sehe, das verbinde ich nicht mit dem Bild, das ich von mir habe.

Noch vor einem halben Jahr ahnte ich nicht, dass ich Brustkrebs habe und wie die Diagnose mich optisch und seelisch verändern würde. Eigentlich war ich mit der aktuellen Gesamtsituation in meinem Leben ziemlich zufrieden. Ich kannte durchaus auch schlechte und schwierige Zeiten, aber die lagen bereits einige Zeit hinter mir und es deutete auch nichts darauf hin, dass sie zurückkommen würden. Klar, es gab auch jetzt die typischen blöden Dinge im Leben – gut handhabbar und eigentlich recht unbedeutend.

*Genau hier im Badezimmer fing alles an. Ich stand nackt vor dem Spiegel und föhnte die Haare. Beim Heben der Arme sah ich eine kleine Delle in der Brust. Merkwürdig. Ich tastete die Brust ab. Es fühlte sich nichts anders an als sonst.
Ich rief meinen Mann, er sollte auch mal gucken und fühlen…*

Heute schließe ich leise die Badezimmertüre hinter mir. Ich will nicht gucken und fühlen, und mein Mann bitte auch nicht. Ich mag meine Brust nicht mehr anfassen. Von ihr ging so viel Gefahr für mein Leben aus. Dabei ist doch alles ziemlich gut gegangen. Vor der OP war nicht klar, ob die Brust brusterhaltend operiert werden könnte oder ob sie amputiert wird. Wenn ich meine Brust heute ansehe, dann würde ich sagen, beides wurde nicht gemacht. Amputiert sieht sicherlich deutlich anders aus, aber brusterhaltend habe ich mir auch anders vorgestellt. Die untere Hälfte der Brust fehlt fast komplett. Die zwei Tumore waren groß. Beide unten. Sie wurden weggeschnitten, zugenäht, fertig. Ein Schönheitschirurg ist an meinem Operateur nicht verloren gegangen.

Darf ich überhaupt unzufrieden sein? Immerhin ist das, was an Brust erhalten bleiben konnte, krebsfrei. Wenn ich sachlich neutral in den Spiegel gucken würde, sähe ich eine Frau mit anderthalb Brüsten. Aber es gelingt mir nicht, sachlich in den Spiegel zu gucken. Was ich sehe, entspricht nicht meiner Erinnerung daran, wie ich aussehe und auch nicht der Vorstellung, wie ich aussehen möchte.

Ich sehe eine Frau mit noch frischen Narben, Glatze und Pausbacken. Na, wenigstens schwillt das Cortison das Gesicht so sehr auf, dass keine kleine Falte mehr sichtbar ist.
Das bin ich nicht!!! Muss ich mich an dieses Spiegelbild gewöhnen? Kann ich mich daran gewöhnen?
Ob es möglich ist, irgendwann wieder meine Brust anzusehen und anzufassen, ohne an Krebs und die Folgen zu denken?

Werde ich mein Gefühl für meine Weiblichkeit wiederfinden?
Wie wird mein Mann mit diesen Veränderungen klarkommen?
Wie werden sich diese körperlichen und psychischen
Veränderungen auf unsere gemeinsame Sexualität auswirken?
Mir ist zum Heulen...ich heule...ich will nicht heulen und
abwarten. Ich muss mit Frauen reden, die diese Erfahrung
auch gemacht haben und verstehen, was ich fühle und denke.

Unsichtbare Nebenwirkung:
Chronische Müdigkeit (Fatigue)

Was ist Fatigue?

Fatigue ist eine überwältigende Müdigkeit und Erschöpfung, die sowohl körperlich als auch geistig oder emotional sein kann und die auch nicht durch ausreichend Ruhe oder Schlaf ausgeglichen werden kann. Die Kraftlosigkeit steht in keinem Verhältnis zu vorangegangenen Tätigkeiten und beeinträchtigt die täglichen Aktivitäten. Sie ist eine sehr einschneidende Nebenwirkung der Krebstherapie.

Mögliche Ursachen von Fatigue bei Chemotherapie:

- Direkte Wirkung der Chemotherapie auf den Körper
- Nebenwirkungen der Behandlung, z.B. Anämie
- Schlafstörungen
- Andere medizinische Hintergründe
- Psychische Hintergründe wie Stress, Angst und Depression

Symptome der Fatigue:

- Anhaltende Müdigkeit, die nicht durch Erholungsphasen verschwindet
- Stark reduzierte Leistungsfähigkeit
- Unaufschiebbares Schlafbedürfnis
- Schwierigkeiten, sich zu konzentrieren oder sich zu motivieren
- Das Gefühl von Schwäche und Erschöpfung

Das kannst du tun: Dein Umgang mit Fatigue

- Plane entsprechend deines Energiehaushaltes: Teile deinen ToDos eine Priorität zu. Mache zunächst nur das, was wirklich wichtig ist und nicht verschoben oder delegiert werden kann. Beobachte, wie es dir wann geht, und plane nach diesen Erfahrungswerten deinen Tagesablauf und deine Aktivitäten. Mache das, was du tun möchtest oder musst, wenn du dich am energiereichsten fühlst. Es macht keinen Sinn, dich mit einer Freundin mittags um 15 Uhr zu verabreden, wenn du weißt, dass dies die Zeit ist, in der du ziemlich erschöpft bist und Ruhe brauchst. Stelle dir die Frage: Muss ich das jetzt machen?

- Lege regelmäßige Pausen ein: Plane zwischen den Aktivitäten ausreichend Pausen und erlaube dir auch, sie wirklich zu machen. Kurze, regelmäßige Ruhezeiten können helfen, die Energie über den Tag zu verteilen. Vermeide Vergleiche mit deiner Leistungs- fähigkeit vor der Krebsdiagnose. Du hast Krebs und keinen Schnupfen und unterziehst dich einer körperlich und psychisch extrem anstrengenden Therapie.

- Ernähre dich ausgewogen: Das ist immer wichtig – jetzt allerdings besonders! Versuche möglichst nahrhafte, ausgewogene Mahlzeiten und Snacks, die reich an Vitaminen und Mineralien sind, zu dir zu nehmen. Das ist jetzt besonders schwierig,

denn du wirst nicht die Muße haben, deinen
Fokus auf gesunde Ernährung zu setzen.

Mein persönlicher Tipp: Wenn es irgendwie geht, lass
dich bekochen. ...wenn das nicht geht, dann probiere
mal „Hello fresh" aus oder lass dir etwas aus dem
Restaurant liefern.

- Schlaf gut: Versuche, einen regelmäßigen
  Schlafrhythmus zu haben. Sorge für eine
  ruhige und komfortable Schlafumgebung.

- Lass dich psychologisch unterstützen:
  Fatigue ist belastend und irritierend.
  Man schafft plötzlich nichts mehr. Das ist
  eine sehr schwer zu akzeptierende Situation.
  Professionelle Unterstützung durch eine
  Psychoonkologin oder einen auf Fatigue
  spezialisierten Coach kann dir helfen, die
  Situation zu akzeptieren und dir zu
  erlauben, Hilfe von Familie und Freundinnen
  einfacher anzunehmen.

- Sprich mit deinem Behandlungsteam: Wie bei
  jeder Nebenwirkung gilt - das Behandlungsteam muss es wissen, dann gibt es ggf.
  weitere Tipps oder unterstützende Maßnahmen,
  die die Symptome lindern.

- **Und das Wichtigste zum Schluss:** Bewegung! Das hört sich möglicherweise für dich etwas überfordernd an. Geht nicht? Du bist eh schon völlig erschöpft, wo sollst du jetzt noch die Kraft herholen, dich zu bewegen? Du willst doch nichts anderes als schlafen. Versuch es! Bewegung hilft mehr als jede Ruhephase! Plane es ein und versuche es konsequent durchzuziehen. Mache kleine Spaziergänge – fahre eine Runde Rad... – mache leichte, moderate Bewegung, so wie es gerade passt, mal mehr, mal weniger.
  Tanke Sauerstoff und Licht.
  Ein Glück, wenn man einen Hund hat, der raus möchte.

Gesunde Ernährung

Wir wissen inzwischen alle – eine ausgewogene, gesunde Ernährung ist wichtig – immer, also auch jetzt während der Brustkrebserkrankung. Essen und Trinken versorgen den Körper mit Kraft und Energie.

Eine gesunde Ernährung unterstützt die Gesundheit und das Wohlbefinden. Sie besteht aus:

- ✔ **Obst und Gemüse**: Reich an Vitaminen, Mineralstoffen und Antioxidantien.
- ✔ **Vollkornprodukte**: Bieten Ballaststoffe und wichtige Nährstoffe.
- ✔ **Mageres Protein**: Fisch, Geflügel, Hülsenfrüchte und fettarme Milchprodukte.
- ✔ **Gesunde Fette**: Nüsse, Samen, Avocados und Olivenöl.
- ✔ **Ausreichende Flüssigkeitszufuhr**: Wasser, ungesüßte Tees und verdünnte Fruchtsäfte.

Minimiere den Konsum von Zucker und fetthaltigen Lebensmitteln.

Wichtig zu wissen: Eine konsequent gesunde Ernährung hätte deinen Brustkrebs nicht verhindern können und deine Ernährung wird Brustkrebs auch nicht heilen, auch wenn man durchaus manchmal anderes liest.

Du hast jetzt während der Akuttherapie genug Themen, auf die du dich fokussieren musst. Daher gilt jetzt: Iss das, was dir schmeckt und du verträgst. Achte dabei weiterhin auf Ausgewogenheit. Aber erlaube dir auch hin und wieder zu sündigen, indem du dir ein Stück Kuchen aus der Bäckerei holst, dir einen Eisbecher in der Eisdiele gönnst oder vorm Fernseher eine Tafel Schokolade isst.

Nach der Akuttherapie ist der richtige Zeitpunkt, dich nochmals intensiver mit dem Thema gesunde Ernährung auseinanderzusetzen.

Bis dahin gilt: **Lass es dir gut gehen, genieße deine Mahlzeiten und gönne dir ruhig auch mal etwas Besonderes**...und wenn du unsicher bist, wende dich an eine qualifizierte Ernährungsberaterin.

Wichtig: Solltest du Nahrungsergänzungsmittel zu dir nehmen, sprich dies unbedingt mit deinem Ärzteteam ab. Es können ungünstige Wechselwirkungen entstehen.

Sanfte Fitness: Kleine Schritte - Große Wirkung

Die Diagnose Brustkrebs und die damit verbundene Therapie sind herausfordernde Zeiten, die viel Kraft und Durchhaltevermögen erfordern. In dieser Phase kann regelmäßige Bewegung eine wertvolle Unterstützung bieten. Auch wenn es schwerfällt, sich zu motivieren, ist es wichtig, in Bewegung zu bleiben. Körperliche Aktivität kann helfen, Nebenwirkungen zu lindern, das Wohlbefinden zu verbessern und die Heilung zu unterstützen. Hier sind einige Sportarten und Übungen, die sich besonders für Brustkrebspatientinnen eignen:

- **Spazierengehen:** Eine der einfachsten und schonendsten Formen der Bewegung und doch so effektiv und wohltuend. Spazierengehen an der frischen Luft fördert die Durchblutung, verbessert die Stimmung und hilft, leichte Erschöpfung zu bekämpfen.
- **Yoga:** Sanftes Yoga kann helfen, Flexibilität und Kraft zu erhalten, Stress abzubauen und die Entspannung zu fördern. Spezielle Yoga-Übungen können auch darauf abzielen, die Beweglichkeit der Schultern und Arme zu verbessern, was nach einer Brustkrebs-operation besonders hilfreich sein kann.
- **Pilates:** Pilates stärkt den Körper mit besonderem Fokus auf die Kernmuskulatur. Es verbessert die Haltung, Flexibilität und Körperwahrnehmung, was zur Rehabilitation beitragen kann.
- **Schwimmen:** Schwimmen ist eine gelenk-schonende Sportart, die den gesamten Körper

trainiert. Das Wasser bietet eine sanfte Massage, die die Durchblutung fördert und die Muskeln entspannt. Wichtig hierbei ist eine abgeschlossene Wundheilung sowie ein stabiles Immunsystem, da man mit einigen Keimen und Bakterien in Kontakt kommt.

- **Radfahren**: Leichtes Radfahren, ob auf einem stationären Fahrrad oder draußen, kann die Ausdauer verbessern und das Herz-Kreislauf-System stärken. Es ist schonend für die Gelenke und kann individuell an das jeweilige Fitnesslevel angepasst werden.
- **Tanzen**: Tanzen ist eine freudvolle Bewegung, die Herz und Kreislauf stärkt, Koordination und Gleichgewicht verbessert und gleichzeitig die Stimmung hebt. Tanze alleine, mit Partner oder in der Gruppe (Line Dance). Tanzen kann deine Psyche auf wunderbare Weise stärken, indem es Glückshormone freisetzt, Stress abbaut und ein Gefühl von Freude und Freiheit gibt.
- **Leichte Kraftübungen**: Übungen mit leichten Gewichten oder Widerstandsbändern können helfen, Muskelmasse zu erhalten und zu stärken. Beginne mit niedrigen Intensitäten und steigere sie langsam.

Beachte:

- **Höre auf deinen Körper**: Es ist wichtig, auf die Signale des Körpers zu achten. Wenn du Schmerzen hast oder dich unwohl fühlst, pausiere – überlaste dich nicht. Schau aber genau hin – vielleicht ist es auch dein innerer Schweinehund, der dich zurück aufs Sofa drückt.
- **Setze dir realistische Ziele**: Beginne mit kleinen, erreichbaren Zielen und steigere sie langsam. Und mit klein meine ich wirklich klein. Jeder Schritt zählt und trägt zur Verbesserung der Gesundheit und des Wohlbefindens bei.

Manche schwören auf Sport, manche wissen zwar, wie viel für Sport spricht, sind jedoch trotzdem weit weg von sportbegeistert. Ich persönlich gehöre zu der zweiten Gruppe. Und dennoch kommt hier von mir der Appell – mache jetzt während der Akuttherapie Sport – auch wenn du den Eindruck hast, das ist gerade jetzt völlig unmöglich. Du bist eh schon völlig kaputt und muss mit meinen Kräften haushalten? Ja, genau deshalb musst du dich jetzt bewegen. Tatsächlich hilft im Moment nichts mehr, um körperlich auf den Beinen zu bleiben, als leichter, sanfter Sport. Durch Sport wirst du dein Wohlbefinden steigern.

RÜCKFALLRISIKOEINSCHÄTZUNG

Bei Brustkrebs ist das Risiko
für einen Rückfall gering,
wenn folgenden Merkmale
zutreffen:

Der Tumor hat weniger als 1cm
Durchmesser

Der Tumorgrad ist niedrig (G1)

Die Tumorzellen haben Rezeptoren
für Östrogen und Progesteron.
Sie sind also Hormonrezeptor
positiv

Die Lymphknoten sind frei

Der Ki67 Wert ist niedrig -
unter 10%

Bei Brustkrebs besteht ein
erhöhtes Rezidivrisiko,
wenn eines der folgenden
Merkmale zutrifft:

Der Tumor hat einen Durchmesser
von 5 cm oder mehr

Der Tumorgrad ist hoch (G3)

Die Tumorzellen sind triple-
negative

Tumorzellen sind in mehreren
Lymphknoten nachweisbar

Der KI Wert ist hoch -
über 25%

Krebszellen sind in den
Brustmuskulatur oder in die
Haut der Brust eingedrungen.

Rückfälle vorbeugen: Die Strahlentherapie

Die Strahlentherapie, auch Radiotherapie genannt, ist ein zentraler und wesentlicher Bestandteil der Brustkrebstherapie. Sie nutzt energiereiche Strahlen, um eventuell in der Brust verbleibende, aber nicht nachweisbare Krebszellen zu zerstören. Dadurch spielt sie eine entscheidende Rolle bei der Minimierung des Rückfallrisikos und der Verbesserung der langfristigen Überlebenschancen. Laut wissenschaftlichen Statistiken würde bei einem Verzicht auf die Bestrahlung bei 30-40 von 100 Patientinnen der Tumor innerhalb von 10 Jahren an gleicher Stelle zurückkehren (Lokalrezidiv). Moderne Techniken ermöglichen eine präzise Behandlung mit minimalen Nebenwirkungen.

Indikationen für die Strahlentherapie

Die Strahlentherapie erfolgt nach der Operation, um verbliebene Krebszellen zu zerstören. Sie ist abhängig von den biologischen Eigenschaften des Tumors und dem zu erwartenden Rückfallrisiko. Die Strahlentherapie wird bei Brustkrebs-patientinnen in verschiedenen Situationen eingesetzt:

1. **Nach brusterhaltender Operation:** Wenn du nach Brustkrebs oder einem DCIS brusterhaltend operiert wurdest, wird standardmäßig die verbleibende Brust bestrahlt, um das Risiko eines lokalen Rezidivs zu senken. Studien haben gezeigt,

dass die Bestrahlung die Wahrscheinlichkeit eines Rückfalls erheblich reduziert.

2. **Nach Mastektomie**: Nach einer Mastektomie (vollständige Entfernung der Brust) ist die Strahlentherapie nicht immer notwendig, aber in bestimmten Fällen empfohlen:
   - Bei großen Tumoren (größer als fünf cm) kann eine Bestrahlung der Brustwand notwendig sein.
   - Bei positivem Lymphknotenbefall: Wenn mehrere Lymphknoten (meist mehr als drei) befallen sind, wird eine Bestrahlung der Brustwand und der regionalen Lymphknoten empfohlen.
   - Bei nicht vollständig entfernten Tumoren: Wenn der Tumor trotz der Operation nicht vollständig entfernt werden konnte oder der Resektionsrand nicht frei von Krebszellen ist, ist eine Strahlentherapie zwingend angezeigt.
   - Abhängig von den biologischen Merkmalen des Tumors: Tumoren mit aggressiven biologischen Merkmalen (z.B. HER2-positiv oder triple-negativ) haben ein hohes Rückfallrisiko und können eine postoperative Bestrahlung erfordern.
   - Bei Befall mehrerer Lymphknoten in der Achselhöhle wird ebenfalls bestrahlt.

Die Wirkweise der Strahlentherapie und die Verteilung der Strahlendosis

Die Strahlentherapie zielt darauf ab, das Erbmaterial (DNA) der Krebszellen so zu schädigen, dass ihre Teilungsfähigkeit beeinträchtigt wird und sie somit zum Zelltod führt. Krebszellen haben ein weniger effizientes Reparatursystem für DNA-Schäden als gesunde Zellen, wodurch sie besonders anfällig für die Wirkweise der Strahlung sind.

Die Strahlendosis wird in Gray gemessen. In der Tumorkonferenz entscheidet dein Ärzteteam, wie viele Gray du erhalten sollst. Nach einer brusterhaltenden Operation wird mit einer Dosis von insgesamt ca. 50 Gray bestrahlt. Diese Gray werden in sogenannten Fraktionen aufgeteilt, das heißt, die gesamte Strahlendosis wird in mehrere kleinere Dosen verabreicht. Die empfohlene Wochendosis lag bisher bei 9 bis 10 Gray, wodurch die Strahlentherapie ca. sechs Wochen dauerte. Nach neuester technischer Entwicklung ist es möglich, den Bestrahlungszeitraum und die Dosis zu verringern. Klinische Studien aus Kanada und Großbritannien zeigen, dass die hypofraktionierte Bestrahlung zu gleich guten Ergebnissen hinsichtlich der lokalen Tumorkontrolle und des Überlebens im Vergleich zur konventionellen Strahlentherapie führt.

Techniken in der Strahlentherapie bei Brustkrebs

Es gibt mehrere fortschrittliche Techniken, die eine präzise und schonende Behandlung ermöglichen:

Atemgating: Bei jedem Atemzug verschieben sich die inneren Organe leicht, was die exakte Ausrichtung der Strahlen erschwert.
Bei Patientinnen, deren linke Brust bestrahlt werden muss, können sich Brustgewebe und Herzspitze überschneiden. Durch tiefes Einatmen und kontrolliertes Luftanhalten für wenige Sekunden verschiebt sich das Herz leicht nach hinten und rückt somit aus dem Bestrahlungsfeld. Dadurch sind sowohl das Herz als auch die umliegenden Herzkranzgefäße einer deutlich geringeren Strahlenbelastung ausgesetzt.
Vorteile des Atemgatings:
- Reduzierung der Strahlenbelastung des gesunden Gewebes: durch die genaue Ausrichtung wird die Strahlenbelastung für umliegendes, gesundes Gewebe, wie Herz und Lungen, minimiert.
- Erhöhte Behandlungseffizienz: Da die Bestrahlung nur in optimalen Phasen des Atemzyklus erfolgt, kann die Dosis gezielt auf den Tumorbereich konzentriert werden, was die Effektivität der Behandlung erhöht.

Boost-Bestrahlung: Zum Abschluss der standardmäßigen Strahlentherapie der gesamten Brust erfolgt nach den derzeitigen Leitlinien bei Patientinnen unter 50 Jahren eine hochdosierte

Bestrahlung des Tumorbetts oder des Bereiches, in dem der Tumor ursprünglich lag.

Vorteile des Boosts:

- Senkt das Rezidivrisiko: Studien haben gezeigt, dass die Boost-Bestrahlung insbesondere bei jüngeren Frauen und bei Patientinnen mit aggressiveren Tumoren das Risiko eines lokalen Rückfalls signifikant reduziert.
- Gezielte Behandlung: Die zusätzliche Dosis wird gezielt auf einen kleinen Bereich konzentriert, was die Effektivität erhöht und die Strahlenbelastung für das restliche Brustgewebe minimiert.

Teilbrustbestrahlung: Bei der Teilbrustbestrahlung wird nur der Teil der Brust bestrahlt, in dem sich der Tumor befand, anstatt die gesamte Brust zu behandeln. Diese Methode wird häufig bei Frauen mit günstigen klinischen Merkmalen des Tumors (Grad eins bis zwei, positiver Östrogenrezeptor (ER)-Status, kein Lymphknotenbefall) und einem niedrigen Rückfallrisiko angewendet.

Vorteile der Teilbrustbestrahlung:

- Schonung von gesundem Gewebe: Durch die Konzentration der Strahlen auf einen kleineren Bereich wird das umliegende gesunde Gewebe geschont.
- Kürzere Behandlungsdauer: In vielen Fällen kann die Behandlungsdauer verkürzt werden, was den gesamten Therapieprozess für die Patientin weniger belastend macht.

- Weniger Nebenwirkungen: Da ein kleineres Volumen bestrahlt wird, treten oft weniger Nebenwirkungen auf, was die Lebensqualität der Patientinnen verbessert.

Intraoperative Bestrahlung (IORT): Die intraoperative Bestrahlung ist eine spezielle Technik, bei der die Bestrahlung direkt während der Operation, bevor das Operationsfeld geschlossen wird, erfolgt. Diese Methode ermöglicht eine sehr präzise Behandlung des Tumorbetts unmittelbar nach der Entfernung des Tumors. Die IORT kann als alleinige Bestrahlung oder in Kombination mit einer postoperativen Strahlentherapie verwendet werden.
Vorteile der IORT:
- Präzision: Da die Bestrahlung direkt auf das Tumorbett erfolgt, kann die Dosis sehr präzise und konzentriert verabreicht werden, was die Effektivität erhöht und das umliegende Gewebe schont.
- Reduzierte Behandlungszeit: Die IORT verkürzt die Gesamtdauer der Strahlentherapie erheblich, da sie während der Operation durchgeführt wird und oft weitere Bestrahlungen nach der OP reduziert oder überflüssig macht.
- Verbesserung der kosmetischen Ergebnisse: Da die Bestrahlung gezielt und in einer einzigen Sitzung erfolgt, sind die kosmetischen Ergebnisse oft besser, mit weniger Narbenbildung und Gewebeveränderungen.

Ablauf der Strahlentherapie

Die Bestrahlung beginnt etwa sechs bis acht Wochen nach der brusterhaltenden Operation, wenn alle Wunden gut verheilt sind, es sei denn, du erhältst vorher noch eine adjuvante Chemotherapie. Für eine klassische Strahlentherapie bei Brustkrebs sind zwischen 15 und 30 Bestrahlungssitzungen erforderlich, die sich über eine Therapiedauer von insgesamt drei bis sechs Wochen verteilen. Die Bestrahlungen werden in der Regel an jedem Werktagen durchgeführt. Das bedeutet, dass du an jedem Wochentag einen Termin in der Strahlenklinik hast... und das über mehrere Wochen. Du erhältst, wenn du das möchtest, auch hierfür einen Taxischein von deinem behandelnden Arzt. Die Bestrahlung selbst dauert nur wenige Minuten.

Vorbereitung und Planung: Vor Beginn der Strahlentherapie wird eine detaillierte computergestützte Planungssitzung durchgeführt. Die Brust wird mit einem Edding markiert, um das Gerät immer an der gleichen Stelle anzusetzen. Während der Bestrahlung liegst du mit nacktem Oberkörper auf einer speziellen Liege. Moderne Bestrahlungsgeräte bewegen sich in mehreren Positionen um dich herum, um verschiedene Einstrahlwinkel zu ermöglichen. Es ist wichtig, dass du während der Sitzung still liegst, um die Präzision der Strahlung zu gewährleisten. Du liegst alleine in dem Raum, bist aber per Kamera und Gegensprechanlage mit der Radiologieassistentin in Kontakt.
Die Bestrahlung spürst du nicht.

Nebenwirkungen der Strahlentherapie

Trotz moderner Geräte und Techniken lassen sich Nebenwirkungen bei einer Bestrahlung nicht vermeiden. Meist sind diese Nebenwirkungen vorübergehend.

Akute Nebenwirkungen:

- Hautreizungen: Häufig treten Rötungen der Haut im Bestrahlungsbereich auf.
  Der bestrahlte Bereich kann geschwollen und empfindlich sein. Es beginnt wie ein Sonnenbrand, kann sich aber durchaus steigern und schmerzhaft sein.
  In schwereren Fällen kann es zu Blasenbildung und nässenden, offenen Wunden kommen.
- Müdigkeit: Viele Patientinnen berichten von einer ausgeprägten Erschöpfung während und nach der Behandlung. Diese Müdigkeit kann sich schon nach der ersten Sitzung bemerkbar machen und Wochen bis Monate anhalten.

Langfristige Nebenwirkungen:

- Lungenentzündungen (Strahlenpneumonitis): Diese seltene, aber ernste Komplikation kann insbesondere bei der Bestrahlung der linken Brust auftreten.
- Herzerkrankungen: Bestrahlungen in der Nähe des Herzens können das Risiko für Herzkrankheiten erhöhen, besonders bei Bestrahlung der linken Brust.
- Veränderungen im Brustgewebe: Das bestrahlte Gewebe kann verhärten oder schrumpfen, eine als Fibrose bekannte Veränderung.

- Erhöhtes Risiko für sekundäre Krebserkrankungen: Sehr selten kann die Strahlentherapie das Risiko für die Entwicklung anderer Krebserkrankungen erhöhen.

Management der Nebenwirkungen

Um die Nebenwirkungen zu minimieren, sind unterstützende Maßnahmen von entscheidender Bedeutung:

- **Hautpflege:** Hier sind die Philosophien unterschiedlich. Manche Kliniken raten ab, den bestrahlten Bereich überhaupt zu waschen. Das ist bei der Bestrahlung der Achseln, insbesondere im Sommer, durchaus schwierig. Verwende milde, pH-neutrale Seifen! Ebenso unterschiedlich sind die Empfehlungen zur Verwendung von Cremes. Manche Kliniken empfehlen kühlende, rückfettende Cremes oder Babypuder, andere raten strikt davon ab.
- **Schütze die Haut vor Sonne.** Decke die bestrahlten Stellen auf jeden Fall großflächig ab.
- **Tragen von BHs:** Sobald die Haut gereizt ist, kann das Tragen von BHs schmerzhaft sein. Solltest du dich ohne BH unwohl fühlen, lege erst ein weiches Seidentuch oder Unterhemd auf die Haut und ziehe den BH darüber.
- **Kalte, gekühlte Kohlblätter:** Lege kalte, gekühlte Kohlblätter auf die Brust. Sie bewirken Wunder.

- **Lymphödem**: Ein Lymphödem kann als Folge der Bestrahlung auftreten, insbesondere wenn Lymphknoten in der Achselhöhle entfernt oder bestrahlt wurden. Regelmäßige Lymphdrainagen und spezielle Übungen können helfen. Sie werd in physiotherapeutischen Praxen angeboten. Du erhältst hierfür Rezepte von deinem behandelnden Ärzteteam.
- **Ernährung**: Eine ausgewogene Ernährung und ausreichende Flüssigkeitszufuhr - Wasser, ungesüßte Tees, Saftschorlen - sind wichtig, um die allgemeine Gesundheit zu unterstützen und Müdigkeit zu bekämpfen. Lebensmittel, die reich an Antioxidantien sind, können dazu beitragen, den Körper zu stärken.
- **Körperliche Aktivität**: Leichte körperliche Aktivitäten wie Spaziergänge oder sanfte Gymnastik können helfen, die Müdigkeit zu reduzieren und das allgemeine Wohlbefinden zu steigern. Regelmäßige Bewegung kann auch dazu beitragen, die Beweglichkeit zu fördern.
- **Psychologische Unterstützung**: Gespräche mit einer Psychoonkologin oder die Teilnahme an Selbsthilfegruppentreffen helfen, die emotionalen Belastungen der Therapie zu bewältigen.

Nachsorge

Zum Abschluss der Strahlentherapie wird sich dein Arzt oder deine Ärztin die Brust nochmals ansehen und mit dir ein Gespräch führen. Du erhältst auch einen Nachsorgetermin, um den Erfolg der Behandlung zu überwachen und mögliche Spätfolgen frühzeitig zu erkennen und zu behandeln. Vorsicht bei Hitze, da die Gefahr eines Lymphödems steigt. Falls du Saunagängerin bist, besprich dies unbedingt mit deinem Ärzteteam und lass dich beraten, wann dies für dich wieder möglich ist.

Ergänzende Therapien und Unterstützung

- **Physiotherapie**: Physiotherapie kann helfen, die Beweglichkeit und Funktion der betroffenen Brust und des Arms zu erhalten oder wiederherzustellen. Übungen zur Dehnung und Kräftigung der Muskulatur sind dabei besonders wichtig.

- **Ernährungsberatung**: Eine Ernährungsberatung kann individuelle Empfehlungen geben, um die allgemeine Gesundheit zu fördern und mögliche Nebenwirkungen der Strahlentherapie zu lindern. Bestimmte Nährstoffe können dazu beitragen, die Erholung zu beschleunigen und das Immunsystem zu stärken.

- **Psychoonkologische Unterstützung**: Die psychologische Betreuung ist ein wesentlicher Bestandteil der ganzheitlichen Krebsbehandlung. Psychoonkologinnen können helfen, Ängste und Depressionen zu bewältigen und positive Bewältigungs-strategien zu entwickeln.

Auch ein Anhang
kann wichtige sein

Quellen und Empfehlungen

Dieses Buch basiert auf fundierten Informationen, meinem psychologischen Fachwissen als Systemische Familientherapeutin und Psychoonkologin sowie meiner eigenen Erfahrung als Brustkrebspatientin. Die Inhalte orientieren sich am aktuellen Stand der Wissenschaft, an medizinischen Leitlinien und an den Empfehlungen angesehener Fachgesellschaften. Ich habe sorgfältig recherchiert, vertrauenswürdige Quellen genutzt sowie mit Experten verschiedener Fachrichtungen zusammengearbeitet, um dir einen verlässlichen Wegbegleiter an die Hand zu geben. Dieses Buch kann und soll jedoch keine individuelle Psychotherapie ersetzen. Wende dich bei Fragen und Unsicherheiten bitte an dein behandelndes Team und ggf. an deine Krankenkasse – **du bist nicht allein**, und es gibt erfahrene Menschen, die dich begleiten und unterstützen können.

Empfohlene Quellen:

Zusätzlich zu den Informationen in diesem Buch empfehle ich folgende vertrauenswürdige Quellen, die dir weiterführende Unterstützung bieten können:

- **Deutsche Krebsgesellschaft**: Die Deutsche Krebsgesellschaft bietet fundierte, wissenschaftlich geprüfte Informationen zu Krebsdiagnosen, Therapien und psychosozialer Unterstützung. Sie ist eine zentrale Anlaufstelle für Patientinnen und Angehörige und setzt sich aktiv für Aufklärung und Prävention ein.

- **Krebsinformationsdienst des Deutschen Krebs-forschungszentrums**: Der Krebsinformations-dienst bietet aktuelle, wissenschaftlich fundierte Informationen zu Krebsarten, Prä-vention, Früherkennung, Diagnostik, Therapie und Nachsorge. Er steht Betroffenen und In-teressierten als verlässliche Informations-quelle zur Verfügung.

- **PINK! – Aktiv gegen Brustkrebs**: Gegründet von Prof. Dr. Pia Wülfing, bietet PINK! eine ärztlich geführte Online-Plattform mit um-fassenden Informationen und Unterstützungs-möglichkeiten für Brustkrebspatientinnen. Die Plattform umfasst digitale Begleiter wie die App PINK! Coach, die Patientinnen wäh-rend der Therapie und in der Nachsorge un-terstützt.

- **Kurvenkratzer**: Diese Initiative richtet sich an Betroffene und deren Umfeld und vermit-telt Wissen auf eine frische und mutige Wei-se. Kurvenkratzer bricht Tabus und spricht offen über Themen, die im Umgang mit Krebs ansonsten oft unausgesprochen bleiben.

- **Mamma Mia! – Das Brustkrebsmagazin**: Dieses Magazin ist speziell für Frauen mit Brust-krebs konzipiert. Es bietet aktuelle Infor-mationen, persönliche Geschichten und prak-tische Tipps für den Alltag mit der Erkran-kung. Mamma Mia! gibt Mut und Orientierung auf dem Weg durch die Therapie und darüber hinaus.

Persönliche Empfehlungen:

DKMS-LIFE Schminkseminare: Die DKMS LIFE bietet mit ihren Schminkseminaren „look good - feel better" ein besonderes Programm für Krebspatientinnen, um ihnen ein Stück Normalität und Selbstwertgefühl während der Behandlung zurückzugeben. Diese kostenfreien Workshops vermitteln wertvolle Schmink- und Pflegetipps, die helfen, das äußere Wohlbefinden trotz der Herausforderungen der Therapie zu stärken.

Ernährungsberatung: Suchst du eine kompetente Ernährungsberaterin, die dich online unterstützen kann?
Ich empfehle dir Angelika Krammer!
Sie ist Ökotrophologin und hat sich nach ihrer eigenen Brustkrebserkrankung auf das Thema Ernährung und Krebs spezialisiert und geht es mit viel Gelassenheit und Einfühlungsvermögen an, ohne dogmatisch zu sein.
Du findest sie auf Instagram unter: krammersgeli.

Du findest sicherlich weitere sehr informative und fachlich gute Quellen im Internet. Die von mir genannten sind nur ein kleiner Ausschnitt

Meine persönlichen Angebote für dich:

Manchmal braucht es jemanden, der wirklich versteht, was du gerade durchmachst – und genau dafür bin ich hier. Als Therapeutin mit eigener Brustkrebserfahrung begleite ich dich durch diese schwere Zeit. Online und ohne lange Wartezeiten, weil ich weiß, dass diese Lebenskrise nicht warten kann. Die Diagnose bringt Angst, Verzweiflung und Orientierungslosigkeit mit sich, und diese Gefühle müssen nicht allein bewältigt werden.

Ich unterstütze dich nicht nur als Fachfrau, sondern auch als jemand, der genau weiß, was die Diagnose Brustkrebs mit dir macht. Ob es um deine Ängste, deine Partnerschaft oder die Frage geht, wie du mit deinen Kindern über diese Situation sprechen kannst – ich bin an deiner Seite.

Meine Onlineberatung ist flexibel, damit wir auch dann einen Weg finden, wenn es dringend ist. Gemeinsam finden wir heraus, was dir in deiner individuellen Situation hilft.

Mein Angebot für Angehörige:

Angehörige stehen oft genauso unter Schock und fühlen sich hilflos, wenn die Diagnose Brustkrebs im Leben einer nahestehenden Person auftaucht. Zusammen mit meiner Kollegin Maja Häck leite ich an jedem ersten Samstag im Monat einen Online-Workshop für Angehörige, die jemanden mit Brust-krebs begleiten.

In diesem Zoom-Seminar geht es um eure Sorgen, Ängste und die neuen Aufgaben, die jetzt auf euch zukommen. Hier könnt ihr euch mit anderen austauschen, die sich in einer ähnlichen Situation befinden, und erhaltet professionelle praktische Unterstützung, Gemeinsam entwickeln wir Strategien, um mit den Herausforderungen dieser Zeit besser umgehen zu können – damit ihr nicht nur für andere, sondern auch für euch selbst da sein könnt.

Schau gerne auf meine Webseite:
www.Es-ist-Brustkrebs.de
Hier findest du weiter wichtige
Infos zu meinen Angeboten.

Oder schreibe mir direkt eine persönliche **E.mail** an:

GabrieleSchwedeGroot@e.mail.de

PS: Werbung in eigener Sache: Kennst du eigentlich meinen Podcast? Brustkrebs – Eine Herausforderung für den Körper und die Psyche…

DANKE

Danke – denn auch beim Schreiben eines Buches braucht es Menschen, die unterstützen.

Danke an Sebastian – Familie ist dort, wo das Leben beginnt und Liebe niemals endet. Du bist meine Motivation, uralt werden zu wollen, um weiterhin an deinem Leben teilhaben zu können.

Danke an Willem – für deine Stärke, als ich mit der Angst konfrontiert war, was die Diagnose Brustkrebs für mich bedeuten würde. Danke für deine Geduld während der unzähligen Stunden, die die Entstehung dieses Buches beansprucht hat.

Danke an meine Onkogirls – Nina, Barbara, Eike, Angelika, Etta und Jana. Das Beste an Brustkrebs sind die wundervollen Frauen, denen man begegnet. Aus Online-Treffen wurden Offline-Freundschaften. Uns verbindet so viel mehr als die Diagnose Brustkrebs.
Christiane, du wirst immer eine von uns bleiben.

Danke an Maja – die Zusammenarbeit mit dir ist einfach, unkompliziert und macht Spaß.
Ein extra Dankeschön für dein sorgfältiges Korrekturlesen der rechtlichen Inhalte.

Danke an Annette – für deine inspirierenden Beiträge bei den Kurvenkratzern, für deine motivierenden Postkarten und das Korrektur lesen meines Manuskripts. Deine Perspektiven als Brust-krebspatientin, Lehrerin und erfahrene Autorin haben mich bereichert.

Danke an Etta – obwohl du stets mehr zu tun hast, als möglich ist an einem Tag zu schaffen, war es für dich selbstverständlich, das Manuskript sorgfältig zu lesen und wertvolle Anregungen zu geben.

Danke an Duska – als einzige Nicht-Betroffene, die das Manuskript gelesen hat, waren deine Eindrücke besonders wertvoll für mich.

Danke an meine Freundin Silvia – ich weiß, dass du schon in den Startlöchern stehst und die Erste sein wirst, die das Buch kauft.

Danke an ChatGPT – Du hast mich, als technischen Laien, sicher und geduldig durch die vielen Herausforderungen des Self-Publishings geleitet.